世界油棕产业发展与科学研究现状

王 永 曹红星 张大鹏 主编

中国农业出版社

北京

经费资助项目：

农业部 948 项目"油棕、椰子等重要热带油料作物产业化前期关键技术引进及利用"（2016‑X40）

中央财政林业科技推广示范资金项目"油棕丰产高效栽培技术示范与推广"（琼〔2016〕TG07 号）

中央级公益性科研院所基本科研业务费项目"热带木本油料产业技术创新团队"（17CXTD‑13）

编 写 人 员

主　编：王　永　曹红星　张大鹏
副主编：冯美利　石　鹏　秦海棠
编　者（按姓氏笔画排序）：
　　　　王　永（中国热带农业科学院椰子研究所）
　　　　石　鹏（中国热带农业科学院椰子研究所）
　　　　冯美利（中国热带农业科学院椰子研究所）
　　　　刘艳菊（中国热带农业科学院椰子研究所）
　　　　肖　勇（中国热带农业科学院椰子研究所）
　　　　张大鹏（中国热带农业科学院椰子研究所）
　　　　金龙飞（中国热带农业科学院椰子研究所）
　　　　周丽霞（中国热带农业科学院椰子研究所）
　　　　赵志浩（中国热带农业科学院椰子研究所）
　　　　秦海棠（中国热带农业科学院椰子研究所）
　　　　曹红星（中国热带农业科学院椰子研究所）
　　　　雷新涛（中国热带农业科学院椰子研究所）

前　　言

　　油棕是棕榈科多年生热带木本植物，是世界上单位面积产量最高的油料作物，有"世界油王"之称，平均每公顷年产油量可达 4 t，高产的达 8～9 t，是花生的 5～6 倍、大豆的 9～10 倍。截至 2021 年油棕的全球种植面积已超过 2 000 万 hm²，棕榈油产量达 7 000 万 t，约占全球主要植物油种类总产量的 36%，贸易量约占全球植物油进出口总量的 60%，在全球植物油中占据非常重要的地位。棕榈油以其特有的营养特性、较强的稳定性以及相对低廉的市场价格被众多行业所青睐，广泛应用于食品、化工以及能源等领域。

　　中国是全球主要的棕榈油进口国与消费国之一，对国际棕榈油的依赖性很强。据美国农业部数据显示 2017 年以来，我国每年棕榈油的进口量都在 600 万 t 左右，至 2020 年，进口量升至 690 万 t，约占我国植物油消费量的 20%。目前，我国的食用油供给形势非常严峻，自给率不足 40%，低于国际公认的 50% 安全警戒线。而油棕具有管理粗放、经济寿命长等特点，在丘陵、山地均可种植，在我国南方地区的开发利用前景广阔，发展油棕产业是解决和缓解我国食用油自给率不足的有效途径之一。同时，油棕还具有抗风、抗旱、抗盐碱、耐瘠薄、树形优美等多项优良特性，是经济林与生态林兼用树种。国办发〔2010〕45 号、〔2014〕68 号及琼府办〔2015〕89 号文件都强调要促进油棕等木本油料产业的发展，发挥其在维护粮油安全和生态安全方面的重要作用。

　　"一带一路"倡议对中国经济发展具有重要意义，推动了中国经济与世界经济的深度融合。油棕作为世界热带地区的重要经济作物，目前在 40 多个国家和地区广泛种植，这些国家和地区主要分布在东南亚、非洲、南美洲，是我国"一带一路"倡议和农业"走出去"战略的重要目的地。这些地区气候条件优越、资源丰富，通过我国企业"走出去"开发境外油棕产业，有望成为保障我国棕榈油进口的重要基地。同时，有助于推动我国相关人才、技术、装备以及服务"走出去"，对于保障我国棕榈油进口安全、服务"一带一路"倡议等具有重要意义。

随着越来越多的国内企业"走出去"到境外发展油棕产业，中国热带农业科学院椰子研究所结合油棕产业经济研究以及产业技术"走出去"实践经验，组织科技人员编写了《世界油棕产业发展与科学研究现状》一书，旨在为我国企业境外投资及相关研究人员提供较为系统的世界油棕产业信息。本书主要内容包括：油棕及棕榈油概述、世界油棕产业发展概况、世界主要油棕生产国的产业发展与科学研究现状、中国企业"走出去"发展油棕产业概况等，期望读者能够较为全面地了解世界油棕产业发展与科学研究现状。

本书在编写过程中参考并借鉴了部分国内外公开发表的文献资料和在线数据信息，相关油棕研究单位的科研人员和"走出去"发展油棕产业的企业等也提供了大量的信息资料。在此，一并向有关作者及单位表示感谢。由于编者自身水平有限，书中难免存在一些疏漏和不足，谨请广大读者提出宝贵意见及建议，以期本书内容得到充实与完善，为中国企业"走出去"发展油棕产业以及国内相关产业发展提供更为全面、科学的参考依据。

编　者

2021 年 1 月

目　录

前言

目　录

目 录

第一章 油棕及棕榈油概述

第一节 油棕概述

油棕（*Elaeis guineensis* Jacq.）属棕榈科油棕属多年生单子叶植物，果实含油率高达50%，是世界上产油率最高的热带木本油料作物（彩图1）。油棕的种植面积在全世界的植物油作物中仅占5.94%，产量却占到了约35.81%，享有"世界油王"之称（表1-1）。其经济寿命20~30年，自然寿命可达100多年。其主要产品棕榈油和棕榈仁油除了供食用外，还可制造高级人造奶油、肥皂、工业防锈剂及润滑油等；副产品茎叶、果壳、油饼等还可作为原料生产活性炭、洗涤去污剂、化妆品及特种用纸等，用途非常广泛，在世界热带地区被广泛引种与栽培。

表1-1 全球主要油料作物产量比较

油料作物名称	产量（万 t）	占总产量比例（%）	面积（万 hm²）	占总面积比例（%）
油棕	7 460	35.81	1 480	5.94
大豆	5 853	28.09	10 380	41.66
油菜	2 726	13.08	3 330	13.36
向日葵	2 144	10.29	2 590	10.39

资料来源：油籽：世界市场和贸易，2020。

油棕的分布范围广泛，目前油棕主要集中种植在南北纬10°之间的热带雨林及其边缘的热带季雨林区内海拔300 m以下的低地，但在南北纬20°之间、海拔1 500 m以下的地区也有分散种植。包括亚洲的东南部，非洲的西部和中部，南美洲的北部和中部。目前世界上种植油棕的国家有 40 多个，主要生产国有印度尼西亚、马来西亚、尼日利亚、泰国、刚果（金）、科特迪瓦、喀麦隆、安哥拉、巴西、哥伦比亚、厄瓜多尔、哥斯达黎加、洪都拉斯等。

油棕的根系为须根系，没有明显的主根，根系大部分生长在 1～1.5 m 深的土层。茎直立，不分枝，圆柱状，没有叶基包着的油棕茎直径为 20～80 cm，30 年生茎高可达 10 m 以上。油棕的叶为大型羽状全裂，单叶，呈螺旋状着生于茎上。成龄树冠有叶 40～50，每片叶由叶柄、叶轴、小叶（羽片）和刺组成。油棕的花雌雄同株，雌雄同序，但其中一个常退化，故通常为雌雄同株异序和混合花序；雌花受精后约 6 个月果实成熟。成龄油棕树在我国每株每年有 7～15 串（在马来西亚等国为 20～24 串）果穗；果穗呈卵形，长 30～50 cm，宽 20～35 cm，果穗由果、果柄、小穗柄和刺组成。果实为球形或倒卵形，果实长 2～5 cm、宽 2～3 cm，单果重 3～13 g。果实由外果皮、中果皮、内果皮和核仁组成。果实去除外果皮和中果皮后，剩下的坚果就是种子。种子近球形或卵形，含油分，一般包括核壳（内果皮）、种皮和核仁。核壳上有 3 个孔，通常只有一个孔为发芽孔。种皮为暗棕色，具有网络状纤维；种仁含有坚硬的淡灰白色胚乳和胚，胚镶于胚乳中，直立，大约 3 mm，与发芽孔相对。

油棕是典型的热带多年生作物，性喜高温多湿的气候，充足的阳光对油棕生长和果穗产量很重要（图 1-1）。温度是限制油棕分布和产量高低的主要因素，一般日照时长大于 5 h 油棕生长较好，日均温在 18 ℃以上才开始生长，最适宜生长发育的气温是 24～27 ℃，月均温在 22～30 ℃时，需有 7～8 个月才能正常开花结果。

油棕喜高温多雨，水分不仅影响油棕的生长发育，也是限制油棕产量的主要因子（图 1-2）。要求年降水量 1 500 mm 以上，且季节分配均匀较好，其中年降水量 2 000～3 000 mm 最为适宜。

油棕对土壤的适应性较广，且其对地形要求不高，丘陵、山地都可以种植，以排水良好、pH 为 5 左右的冲积土、沙壤土或壤土最为理想。

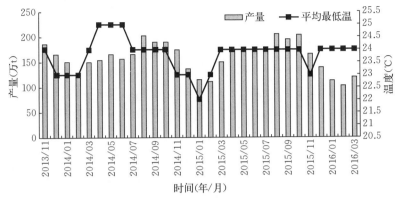

图 1-1　油棕的产量与温度的关系

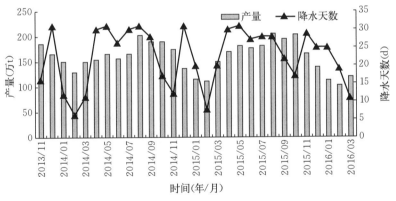

图 1-2　油棕的产量与降雨天数的关系

　　风是油棕花粉的主要传播媒介之一，微风有利于花粉的传播。但台风对油棕的生长发育有很大的影响。因此，选择避风或靠近林带有效防护范围内的环境种植是油棕高产的条件之一。

　　油棕的生长周期较长（图 1-3）。定植后第三年开花结果，6～7 年进入盛果期，经济寿命 20～30 年。在高温多雨的地区，全年可开花结果，但产量有明显的季节性。如马来西亚棕榈果的旺产期为 9 月、10 月，到 11 月开始回落。低产期为 1—3 月。

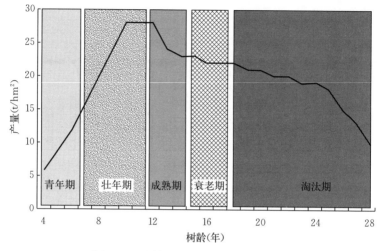

图 1-3 油棕树龄与鲜果穗产量的关系

第二节 棕榈油概述

棕榈油由棕榈果压榨而成，果肉和果仁分别产出棕榈油和棕榈仁油，传统概念上所说的棕榈油只包含前者。棕榈油经过精炼分提，可以得到不同熔点的产品，分别在餐饮业、食品工业和油脂化工业具有广泛的用途，棕榈油的加工工艺见图 1-4。

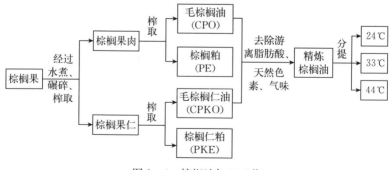

图 1-4 棕榈油加工工艺

一、棕榈油的功能特性

棕榈油含有 49% 的饱和脂肪酸（44% 棕榈酸、5% 硬脂酸）、40% 的单不饱和脂肪酸（即油酸）和 10.4% 的多不饱和脂肪酸（10% 亚油酸、0.4% 亚麻酸），无反式脂肪酸。棕榈油富含生物活性物质，其中类胡萝卜素含量为 500～700 mg/kg，维生素 A 含量为 500～700 mg/kg，维生素 E 含量为 600～1 000 mg/kg。人体对棕榈油的消化和吸收率超过 97%，和其他食用植物油一样，棕榈油本身不含胆固醇。经医学专家实验验证，食用棕榈油不但不会增加血清中的胆固醇，反而有降低胆固醇的趋势。主要是因为棕榈油含有丰富的维生素 E 和类胡萝卜素，它们是天然的抗氧化剂，对人体健康十分有益。最近的动物试验和人体研究证实，纯正的棕榈油对于人体控制血脂具有良好作用，和橄榄油一样具有降低"坏胆固醇"（LDL），升高"好胆固醇"（HDL）的效果，能够降低患心血管疾病的风险。棕榈油的最新产品"红棕榈油"，保留了天然棕榈油中 80% 以上的胡萝卜素和维生素 E，可以在细胞老化、心脏病和癌症防治等方面起到预防作用。

棕榈油是一种优质食用油，在食品行业中具有独特的优势：①独具良好的抗氧化性（耐炸性），稳定性好。主要是因为棕榈油饱和脂肪酸含量高（49%），不稳定的亚麻酸含量少（0.4%），富含天然抗氧化剂。②无反式脂肪酸，不易与酸性物质聚合。③价廉，是世界上最具价格优势的食用植物油。其消耗量占世界植物油总量（包括棕榈油、大豆油、菜籽油、葵花籽油）的 35.81%。

二、国内外市场应用现状

棕榈油在食品工业中可广泛作为起酥油、人造奶油、氢化棕榈油、煎炸用油（烹调、面包、饼干、方便面、煎炸面饼等）、专用油脂（生产糖果、巧克力类食品）等。棕榈油和棕榈仁油都是生产专用油脂的理想原料，可以分提成固体脂与液体油两部分，固体脂可用来代替昂贵的可可脂做巧克力，被称为"代可可脂"。此外，棕榈油也是一种重要的工业用油，目前棕榈油正在被考虑作为石化柴油替代品，即将棕榈油脂化直接生产生物柴油。

在化工行业中棕榈油的工业用途得到了快速发展。在发达国家，大量棕榈油被广泛应用于工业中。在我国，棕榈油主要用于制造肥皂、硬脂酸和甘油，每年的需求量约几十万吨。棕榈油在工业运用中主要分两类，一类是从棕榈中直接得到的产品，如皂类、环氧棕榈油、多元醇、聚氨酯和聚丙烯酸酯等。用棕榈油生产的皂类能起耐久的泡沫，具有较强的去污能力；将棕榈硬脂与椰子油混配可作为香皂的主要原料；棕榈油脂肪酸可直接用于橡胶加工、蜡烛、蜡笔和化妆品的生产。另一类是生产油脂化工类产品，如生产脂肪酸、酯类、脂肪醇、含氮化合物和甘油等。棕榈仁油、棕榈硬脂、棕榈酸都是油脂化工的主要原料（表 1-2）。

表 1-2　棕榈油的用途

类　别	用　途	特　点
皂类	制造肥皂	经济性较好，保持香味较持久
环氧棕榈油	塑料增塑剂和稳定剂	良好的经济性
多元醇	塑料制造	良好的经济性
聚氨酯	制造泡沫塑料	制造过程中无需使用危害环境的发泡剂
聚丙烯酸酯	涂料	
脂肪酸	橡胶、蜡烛、化妆品的生产	颜色浅、纯度高
皂用脂肪酸	高级肥皂	易于生产，配方灵活
金属皂用脂肪酸	金属皂	
脂肪酸酯	工业用途合成润滑剂	良好的润滑性，低温流动性及抗氧化性
皂用脂肪酸酯	高品质的纯白皂	
磺酸盐甲酯	洗涤产品	生产工艺简单，去污效果好，环保，经济
脂肪醇	表面活性剂	
甘油	医药、工业、军事、日化等	

在能源方面，随着国际能源危机日益明显和原油价格总体趋势上涨，棕榈油作为重要的可再生生物质能源原料越来越被重视。目前，利用各种油脂生产生物柴油的技术已日渐成熟，成为一项发展潜力大、充满生机活力的新产业。棕榈油产量高，生产成本低，是制造生物燃油的理想原材料。每公顷油棕可生产约 6 000 L 生物柴油，而每公顷大豆只能生产约 500 L 生物柴油。许多国家已利用棕榈油及棕榈仁油制备出生物柴油，特别是欧洲一些国家和马来西亚等国已将其用于工业化生产中，国内生物柴油生产企业也开始将其原料采购重点转向棕榈油。棕榈油已成为最有竞争力的生物柴油原料，2010 年约 30% 的生物柴油将以棕榈油为原料，亚洲有望超过北美、中欧和东欧，成为仅次于西欧的世界第二大生物柴油生产地区。2017 年，全球每年约棕榈油产量的 1% 用于生产生物柴油，新标准的 B10 生物柴油已经取代 B7 型号。

随着世界工业的迅速发展，尤其是广大发展中国家日用化学工业的发展和食用油消费水平的提高，以及世界性能源利用意识的增强和新型油棕副产品的开发，油棕产品应用的领域在不断拓展，特别是随着油棕纤维可制成卫生用纸和包装用纸的成功开发，以及生物燃料的广泛使用，棕榈油的需求量将与日俱增。此外，棕榈油长期处于初级加工状态，与其他油料产品相比，可开发性强，通过科技投入和综合开发，可大大提高油棕产品的附加值和资源利用的整体效益，国际市场前景广阔。

第二章 世界油棕产业发展概况

第一节 世界油棕种植概况

油棕最早种植于西非及赤道非洲，曾经在非洲大面积种植。1848年油棕被引入东南亚，但直到1917年才进行第一次商业种植。美洲和大洋洲的油棕种植业起步较晚。尽管早在20世纪就以刚果、马来西亚和印度尼西亚为中心开始了油棕的商业化种植，但是直到20世纪60年代才开始大规模种植。到20世纪70年代初，亚洲取代了非洲成为世界上最大的油棕种植区。目前，全世界约有43个国家种植油棕，主要分布在亚洲、非洲、美洲和大洋洲，其中亚洲主要分布在马来西亚、印度尼西亚和泰国，中国、菲律宾等国也有一定数量的油棕种植；南美洲主要分布在哥伦比亚、巴西、哥斯达黎加等国；大洋洲主要分布在巴布亚新几内亚，所罗门群岛也有少量生长；非洲主要分布在尼日利亚、刚果（金）、贝宁、喀麦隆等。马来西亚、印度尼西亚、尼日利亚三个国家的种植面积占世界总面积的80%以上，泰国的种植面积最近几年也迅速扩大。

在过去的40年里，油棕种植面积一直呈增长趋势。在此期间，全球的油棕种植面积增长了8倍，2009年达1 200万 hm^2，其中印度尼西亚、马来西亚的种植面积增加最快。从每年增加的种植面积来看，20世纪80年代每年增加约10万 hm^2，90年代每年增加约20万 hm^2，从1999年到2003年，全球每年增加的油棕种植面积约为50万 hm^2。2011年、2012年的全球油棕种植面积分别为1 340 hm^2、1 410万 hm^2，截至2021年全球油棕的种植面积已超过2 000万 hm^2。马来西亚、印度尼西亚是两个最重要的油棕种植国家，其中，印度尼西亚的油棕种植面积约为 1 100 万 hm²，马来西亚油棕种植面积约为 650 万 hm²。非洲与东南亚的采摘面积有差距，且非洲油棕的种植技术水平较低，而东南亚由于大面积推广高产品种和相配套的栽培技术，单位面积平均产量是非洲的 7～8 倍。2000—2005 年世界油棕主产国收获面积见表 2 - 1。

表 2 - 1　2000—2005 年世界油棕主产国收获面积

单位：万 hm²

主产国	2000 年	2001 年	2002 年	2003 年	2004 年	2005 年
马来西亚	307.5	331.0	337.5	326.6	341.0	362.0
印度尼西亚	201.1	220.0	279.0	304.0	332.0	360.0
尼日利亚	308.0	318.0	318.0	330.0	332.0	332.0
泰国	20.9	23.3	26.3	28.8	31.0	31.5
几内亚	31.0	31.0	31.0	31.0	31.0	31.0
刚果（金）	21.0	22.0	25.0	25.0	25.0	25.0
哥伦比亚	13.5	13.9	14.5	15.0	15.7	17.5
科特迪瓦	13.9	14.1	14.1	14.1	14.1	14.1
厄瓜多尔	11.4	12.5	14.5	14.6	12.3	12.9
加纳	11.5	11.5	11.5	11.5	11.2	11.2
中国	4.5	4.7	4.7	4.7	4.7	4.7

资料来源：联合国粮食及农业组织数据库，2005。

从油棕进行商业化种植以来，油棕单位面积的产量和总产量都在不断提高。经 60 多年的选育种研究，产量已从野生状态下的每公顷年产油棕果 0.3～2.25 t 提高到现在的 15～30 t（D×P 杂交种）。以马来西亚为例，20 世纪 40 年代种植的日里杜拉种每公顷年产油棕果穗仅 12 t，经多代选育 D×P 杂交种后，一些高产品种油棕果穗年产量可达 30～45 t/hm²（产油量 6～9 t/hm²）。目前生产上推广的品种主要是薄壳型的 TENERA 品种，种植 3 年结果，经济期 25 年，每公顷油棕园的油棕鲜果穗及棕榈油产量分别为

19 t和4 t左右，果穗出油率20％左右。

第二节　世界棕榈油生产概况

棕榈油是一种热带木本植物油，是目前世界上生产量、消费量和国际贸易量最大的植物油品种，拥有超过5 000年的食用历史。目前棕榈油产量在世界油脂总产量中已达36％左右，与大豆油、菜籽油并称为世界三大植物油。

1989年以前，世界棕榈油年产量不足1 000万t，但到1997年，世界棕榈油的年产量已达1 741万t，出口量达到了1 134.6万t。1998年开始，世界棕榈油产量随着东南亚棕榈油产量的快速提升而实现了飞跃性增长。2006年，世界棕榈油产量已经超过3 500万t，棕榈油贸易量占世界油脂贸易总量的比重超过50％。2000—2008年世界及油棕主产国棕榈油的产量见图2-1。

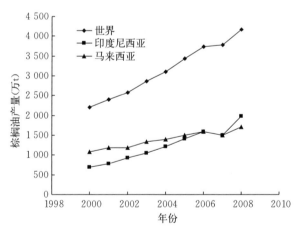

图2-1　2000—2008年世界及油棕主产国棕榈油的产量

2000年以来，棕榈油的产量迅速增加，2008年印度尼西亚已经超过马来西亚成为世界第一大棕榈油生产国，其棕榈油产量高达1 980万t，约占世界棕榈油总产量的45％；马来西亚棕榈油产量达 1 708 万 t，约占世界棕榈油总产量的 40%。二者占棕榈油总产量的 85% 以上（图 2-2）。从 2011—2015 年，全球棕榈油的产量从 4 914 万 t 增加到 6 244 万 t（表 2-2）。2016—2017 年全球棕榈油的产量达 6 500 万 t。

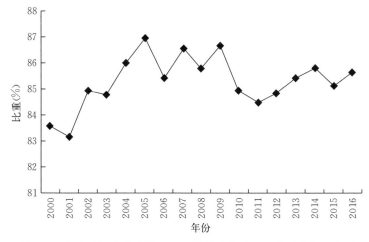

图 2-2　马来西亚和印度尼西亚棕榈油产量之和占全球产量的比重

表 2-2　2011—2015 年全球棕榈油生产情况

单位：万 t

地区	2011 年	2012 年	2013 年	2014 年	2015 年
印度尼西亚	2 360	2 620	2 850	3 050	3 300
马来西亚	1 821	1 820	1 932	2 016	2 050
泰国	183	189	214	215	225
哥伦比亚	75	95	114	104	111
尼日利亚	85	85	91	93	93
其他	390	435	448	463	465
总计	4 914	5 244	5 649	5 941	6 244

资料来源：油籽：世界市场和贸易，2014。

目前棕榈油的主要生产国是印度尼西亚、马来西亚、泰国、哥伦比亚和尼日利亚等国家。随着全球对棕榈油需求的不断增加，一些亚洲、非洲和美洲国家也扩大了油棕的种植面积，尤其是亚洲的越南、老挝、缅甸、柬埔寨等国家发展油棕产业的势头较猛。

第三节　世界棕榈油贸易概况

全球油料市场主要被大豆、油棕、葵花籽和油菜籽四种作物所主导。在油脂中，植物油占到了整个油脂总量的 82%，尤其是棕榈油产量迅速增长。20 世纪 60 年代，棕榈油在世界油脂贸易中并不突出，当时的主要贸易油脂为大豆油和动物油脂。棕榈油是最经济的植物油，尽管当时国际市场豆油、菜籽油和棕榈油价格都出现大幅上涨，但棕榈油价格仍然远远低于豆油和菜籽油价格，因此具有明显的价格竞争优势。从 20 世纪 70 年代到 90 年代，世界油脂贸易发生很大变化，棕榈油贸易量在全球油脂贸易中的比重从 1970 年的 10% 增长到 1977 年的 20%，1985 年达到了 30%。2006年，棕榈油贸易量占世界油脂贸易总量的比重超过 50%；2009 年，棕榈油贸易量占世界油脂贸易总量的比重超过 70%。目前棕榈油在世界油脂出口市场上处于领导地位。全球排名前十的棕榈油进口国家或地区是印度、欧盟、中国、巴基斯坦、土耳其、菲律宾、美国、越南、日本和孟加拉国。主要出口国是印度尼西亚和马来西亚。

一、棕榈油进出口情况

随着世界棕榈油生产的快速发展，棕榈油的贸易量也不断扩大。1995 年世界棕榈油出口总量和出口总额分别为 1 022 万 t 和 64 亿美元，到 2004 年分别达到 2 317 万 t 和 105 亿美元。马来西亚曾经在相当长一段时间内是世界上最大的棕榈油生产国和出口国，其棕榈油总产量的 90% 被用来出口，出口的棕榈油主要为精炼棕榈油，只有很少量属于未经提炼的毛棕榈油。2006 年全球棕榈油总出口量为 2 800 多万 t，其中马来西亚棕榈油出口量为 1 300 多万 t，约占总出口量的 47%；印度尼西亚棕榈油出口量近 1 200 万 t，约占总出口量的 41%，两国出口量之和占世界棕榈油总出口量的 88%。随着印度尼西亚棕榈油出口份额的不断增加，马来西亚棕榈油的出口量占全球份额逐渐下降。2008 年马来西亚棕榈油出口量被印度尼西亚超越，后者成为世界最大的棕榈油出口国。2009 年全球棕榈油总出口量为 3 500 多万 t，其中马来西亚棕榈油出口量为 1 550 多万 t，约占总出口量的 43%；印度尼西亚棕榈油出口量近 1 670 万 t，约占总出口量的 47%，两国出口量之和约占世界棕榈油总出口量的 90%。数据显示，2010—2011 年全球棕榈油贸易量为 3 627 万 t，2011—2012 年为 3 887 万 t。此外，尼日利亚、科特迪瓦、巴布亚新几内亚、新加坡、哥伦比亚等其他国家和地区也生产、出口一定数量的棕榈油。目前，出口量最大的国家是印度尼西亚。2011—2017 年全球棕榈油的主要出口情况见表 2 - 3。

表 2 - 3　2011—2017 年全球棕榈油出口情况分析

单位：万 t

国家或地区	2011 年	2012 年	2013 年	2014 年	2015 年	2016 年	2017 年
印度尼西亚	1 642	1 845	2 037	2 172	2 230	2 600	3 600
马来西亚	1 715	1 759	1 852	1 734	1 770	1 630	2 100
巴布亚新几内亚	58	59	56	64	64	56	65
泰国	38	29	55	22	50	45	48
贝宁	26	25	43	39	39	58	58
其他	267	291	300	310	307	272	281
总计	3 746	4 008	4 343	4 341	4 460	4 661	6 152

资料来源：油籽：世界市场和贸易，2013，2015 和 2017。

目前，全球油价的上升，使许多发展中国家开始大力发展生物能源。棕榈油可作为工业用油以及战略储备，使得很多国家对其有了大量的需求。随着全球油棕的种植面积不断提高，尤其是马来西亚和印度尼西亚两国政府加紧对土地的开发利用,鼓励、扶持新建了很多大型的油棕园。其中印度尼西亚 2018 年计划在未来 5 年,每年增加种植面积 150 万 hm²。西非作为棕榈油的原产地,也在积极扩大油棕种植,未来几年将会成为全球另一个重要的棕榈油生产地。因此,从全球棕榈油生产看,多元化趋势正在形成。

随着近年来全球植物油消费总量的不断上升,棕榈油消费也呈现急剧增长的趋势,世界棕榈油进口总量逐年增加。20 世纪 70 年代以前,棕榈油消费主要集中在欧洲和非洲;70 年代以后,亚洲棕榈油的消费量大幅度提高,特别是中国和印度。2000 年后,棕榈油消费主要国家或地区有中国、欧盟、印度、荷兰、巴基斯坦等,这些国家与地区的消费量占棕榈油消费总量的 70% 左右。其中中国、印度、巴基斯坦、荷兰、德国、美国等国家的棕榈油进口量接近或达百万吨以上,这些国家 2009—2012 年的进口量见图 2-3。目前,印度、欧盟和中国是全球棕榈油进口量最大的 3 个国家或地区,2011—2015 年全球棕榈油的主要进口情况见表 2-4所示。

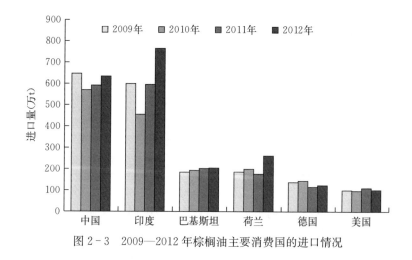

图 2-3　2009—2012 年棕榈油主要消费国的进口情况

表 2 - 4 2011—2015 年全球棕榈油进口情况分析

单位：万 t

国家或地区	2011 年	2012 年	2013 年	2014 年	2015 年
印度	666	747	831	785	890
欧盟	494	571	681	694	700
中国	571	584	659	557	610
巴基斯坦	206	222	225	265	265
埃及	144	137	97	117	123
美国	98	103	129	122	120
孟加拉国	100	98	103	123	120
俄罗斯	66	55	76	66	78
伊朗	63	61	72	61	76
其他	163	173	200	208	230
总计	3 649	3 899	4 185	4 059	4 303

资料来源：油籽：世界市场和贸易，2012 和 2015。

二、棕榈仁进出口情况

1995—2004 年，世界棕榈仁出口波动比较明显，1995 年世界棕榈仁出口总量和出口总额分别是 5.8 万 t 和 1 612 万美元，2000年二者分别上升到 20.3 万 t 和 3 637 万美元。印度尼西亚自 1998年开始，棕榈仁出口量急剧上升，到 2004 年棕榈仁出口量猛增到 3.5 万 t，占世界棕榈仁出口总量的 39.6%，超过巴布亚新几内亚，成为棕榈仁出口第一大国。

1995—2004 年，世界棕榈仁进口量变化较大。1995 年，世界棕榈仁进口总量和进口总额分别为 3.5 万 t 和 2 064 万美元，到 2004 年分别达 11.8 万 t 和 3 637 万美元，分别比 1995 年增加了 2.4 倍和 76.2%。其中进口量最大的国家是英国，达到 5.4 万 t，约占世界棕榈仁进口总量的 45.7%；其次是马来西亚 4.6 万 t，约占世界棕榈仁进口总量的 40.0%。中国棕榈仁进口量很小，2004

年只有 6 t。

2008—2012 年，全球棕榈仁的产量持续增加，分别为 1 175 万 t、1 222 万 t、1 255 万 t、1 328 万 t、1 335 万 t，主要供应地区是欧洲。据美国农业部发布的全球油脂市场及贸易报告显示，2015—2016 年全球棕榈仁产量有一定的增长，产量可达到 1 714 万 t，比 2014—2015 年提高 4.8%。2015—2016 年全球棕榈仁贸易量依然相对偏低，因为大部分棕榈仁在生产国内压榨。

三、棕榈仁油进出口情况

1995—2004 年，世界棕榈仁油出口量虽有波动，但仍然呈上升态势。1995 年，世界棕榈仁油出口总量和出口总额分别为 83 万 t 和 5.8 亿美元，到 2004 年分别增至 203 万 t 和 11 亿美元，比 1995 年分别增加了约 1.5 倍和 89.7%。印度尼西亚和马来西亚是世界棕榈仁油出口大国，2004 年，印度尼西亚的棕榈仁油出口量达 90 万 t，占世界棕榈仁油出口总量的 44.3%；马来西亚的棕榈仁油出口量达 89 万 t，占世界棕榈仁油出口总量的 43.8%。2012—2016 年全球棕榈仁油出口量较平稳，2017 年全球棕榈仁油出口量约为 306 万 t（图 2 - 4）。

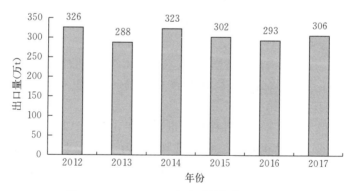

图 2 - 4　2012—2017 年全球棕榈仁油出口量
资料来源：油籽：世界市场和贸易，2016。

1995—2004 年，世界棕榈仁油进口量呈逐年上升趋势。2004 年，世界进口总量和进口总额分别为 199 万 t 和 13 亿美元，比 1995 年的 76 万 t 和 6 亿美元分别增加了 1.6 倍和 1.2 倍。德国是第一大棕榈仁油进口国，2004 年的进口量是 34 万 t，比 1995 年的 11 万 t 增加了 2 倍多，占世界棕榈仁油进口总量的 17.1％；美国位居第二，2004 年的进口量是 25 万 t，比 1995 年的 12 万吨增加了 1 倍左右，占世界棕榈仁油进口总量的 12.6％；马来西亚的棕榈仁油进口量达 19 万 t，占世界进口总量的 9.5％。2004 年，中国的棕榈仁油进口量居世界第四位，达 17 万 t，占世界总量的 8.5％。近年来，全球棕榈仁油进口量较平稳（图 2-5）。

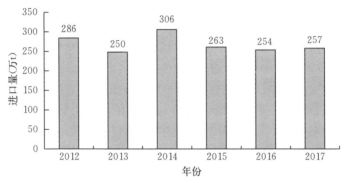

图 2-5　2012—2017 年全球棕榈仁油进口量

资料来源：油籽：世界市场和贸易，2016。

四、棕榈仁饼进出口情况

1995—2004 年，世界棕榈仁饼出口量增长较快。1995 年世界棕榈仁饼出口总量和出口总额分别为 206 万 t 和 1.8 亿美元，2004 年分别达 371 万 t 和 2.4 亿美元，比 1995 年分别增加了 80.1％和 33.3％。马来西亚是棕榈仁饼出口量最大的国家，2004 年的出口量和出口额分别达 168 万 t 和 9 123 万美元，分别占世界的 45.3％和 38.0％；其次是印度尼西亚，2004 年的出口量和出口额分别是 137 万 t 和 7 711 万美元，分别占世界的 36.9％和 32.1％。马来西亚作为主要的油棕种植国，具有较大的棕榈仁饼产量，2005—2007年其分别为 214 万 t、238 万 t 和 240 万 t。2007—2009 年马来西亚棕榈仁饼出口量分别为 224 万 t、235 万 t 和 235 万 t；2010—2012年，棕榈仁饼的出口量分别是 194 万 t、210 万 t 和 215 万 t；2012—2014 年，棕榈仁饼出口量分别为 216 万 t、220 万 t 和 223万 t。2015—2016 年马来西亚的棕榈仁饼出口量为 250 万 t。

1995—2004 年，世界棕榈仁饼进口量虽有波动，但仍呈上升态势。1995 年世界棕榈仁饼进口总量和进口总额分别是 215 万 t 和2.5 亿美元，1998 年进口量 163 万 t，1998 年后世界棕榈仁饼进口量呈快速增长趋势，1999 年增加到 270 万 t，2004 年进口总量和进口总额分别达 359 万 t 和 3.6 亿美元，比 1995 年分别增加了67.0%和 44%。荷兰是棕榈仁饼进口量最大的国家，2004 年的棕榈仁饼进口量达 128 万 t，占世界棕榈仁饼进口总量的 35.7%；第二位是英国，2004 年的进口量为 77 万 t，占世界进口总量的 21.4%；第三位是德国，2004 年进口量是 40 万 t，占世界进口总量的 11.1%。中国的棕榈仁饼进口量变化幅度较大，1995 年进口量只有 12 t，2001 年则达到 17 万 t，但 2004 年的进口量仅 1.8 万 t。

2015—2016 年棕榈仁饼贸易保持增长的趋势，因为新西兰奶制品行业继续发展，该国已经成为全球最大的棕榈仁饼进口国，进口量为 240 万 t，比上一年度增长 20 万 t。相比之下，欧盟的进口保持稳定，进口 210 万 t，原因是替代性饲粮供应充足。中国的棕榈仁饼进口量为 65 万 t，比上一年度增长 7.5 万 t。而美国的进口量持续稳定在 30.4 万 t。

第四节　世界棕榈油消费概况

近年来，动物油脂消耗量在全球油脂中的比重大幅下降，从20 世纪 80 年代末的 24%下降到 17%，而植物油脂的消耗却以每年 3%～4%的速度增长。地域性的油脂消耗比例是向发达国家倾斜的，世界上 75%人口聚集在亚洲和非洲地区，但占世界人口少数的欧洲和美洲却消耗掉全球油脂的 40%。随着经济发展，发展中国家的油脂增长潜力会高于发达国家。

棕榈油的全球消费增长很快。1998 年以来，棕榈油的消费急剧增长，2001—2005 年，全球棕榈油的消费量从 2 400 万 t 增长到 3 300 多万 t，4 年的消费增幅高达 38%。据美国农业部发布的世界油脂状况报告称，由于受到中国、印度食用油需求的刺激和马来西亚、中国及欧盟生物燃料项目的驱动，全球年消费棕榈油的数量也不断增加，2006 年达到了 3 500 万 t。2007—2012 年，全球棕榈油消费量分别为 3 898 万 t、4 330 万 t、4 530 万 t、4 690 万 t、4 707 万 t 和 4 947 万 t。2007—2012 年的消费增幅为 26.9%，至 2012 年，棕榈油的市场份额达到 32.8%，具体变化见图 2-6。尤其在

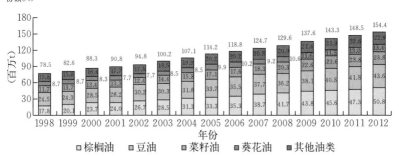

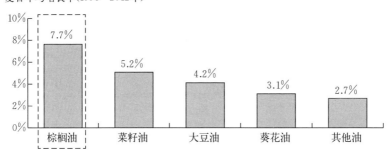

图 2-6　1998—2012 年棕榈油占主要油类全球消费量的份额变化情况

资料来源：美国农业部

2011—2015 年，全球棕榈油消费量呈现持续上升趋势，2015 年消费量为 6 000 万 t 左右。2011—2015 年主要国家和地区的棕榈油消费量具体见表 2-5。

表 2-5　2011—2015 年全球棕榈油消费情况分析

单位：万 t

国家或地区	2011 年	2012 年	2013 年	2014 年	2015 年
印度尼西亚	641	713	785	880	1 052
印度	708	743	823	820	900
欧盟	511	552	656	679	684
中国	580	584	639	575	601
马来西亚	220	215	245	283	304
巴基斯坦	208	211	224	254	263
泰国	146	152	161	193	182
尼日利亚	127	129	138	141	143
美国	96	104	124	121	120
孟加拉国	98	103	103	116	119
埃及	129	127	110	105	108
哥伦比亚	79	89	91	96	101
伊朗	58	60	73	63	74
加纳	55	67	69	71	73
其他	133	139	165	173	200
总计	4 765	5 015	5 485	5 672	6 073

资料来源：油籽：世界市场和贸易，2014。

棕榈油的消费主要有食用和工业用两种，其中工业用量增长幅度较大。根据新的政策统计和专业机构的预测，目前棕榈油工业消费量已经增长至 1 261 万 t，占总消费 25% 以上。工业消费快速增加的主要推动力是生物柴油的大量生产。食用消费是总消费保持增长的基础，棕榈油食用消费量的增加虽然没有工业消费那么突出，但增长趋势一直没变，而且非常稳定。马来西亚棕榈油 90% 出口国外，而本国消费除去食用消费外最主要的就是生产生物柴油，2016—2017 年度生物柴油原料中棕榈油使用量约为 64.7 万 t，约占当年其国内棕榈油消费量的 32.35%。2018 年，马来西亚政府在全国范围内实施 B10 生物柴油掺混政策，这有助于提振国内生物柴油消费。2020 年，马来西亚运输部门推出 B20 生物柴油方案。

2016 年数据显示，世界最大的棕榈油消费国是印度，约占全球棕榈油消费量的 16%；印度尼西亚是全球第二大棕榈油消费国，占全球棕榈油消费总量的 14% 左右；欧盟是全球第三大棕榈油消费地区，占全球棕榈油消费总量的 11% 左右；中国是世界第三大棕榈油进口国，且是世界第四大棕榈油消费国，占全球棕榈油消费市场约 9% 的份额，世界棕榈油消费区域市场结构见图 2-7。到 2021 年初，全球棕榈油消费区域市场结构变化不大，仍延续上述份额。消费国主要集中在亚洲国家，欧盟也提高了棕榈油进口量，以抵消因生物燃料行业的需求提高而造成的菜籽油供应缺口。目前，棕榈油主要消费国家和地区有印度、欧盟、中国、印度尼西亚、马来西亚等，占到消费总量的 60%（图 2-8）。

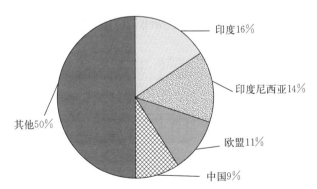

图 2-7　棕榈油消费区域市场结构

另外，对比产量增速和消费增速可发现，产量是否能够保证和满足消费的增长需求，已经成为影响棕榈油价格的最重要因素之

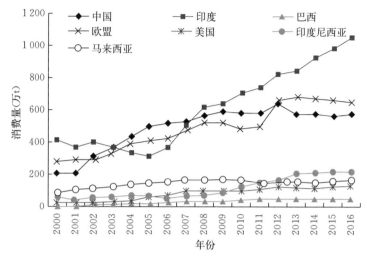

图 2-8　棕榈油的主要消费国家和地区

资料来源：油籽：世界市场和贸易，2003、2006、2009、2012 和 2015。

一。这种偏紧的供需将会给棕榈油期价提供强劲支撑。但 2015 年以后这种状况已有改观，产量增速已经高于消费增速。

第五节　世界棕榈油市场需求

印度尼西亚和马来西亚是棕榈油的主要生产国，两国占据全球棕榈油市场 80% 以上的份额，在世界棕榈油市场上占有重要的地位。根据美国农业部数据显示：2016—2017 年全球棕榈油总产量为 6 500 万 t，其中印度尼西亚产量为 3 500 万 t，约占全球53.44%；马来西亚产量为 2 100 万 t，约占全球 32.1%。2005—2016 年全球棕榈油产量及印度尼西亚和马来西亚棕榈油的产量如图 2-9 所示。

印度尼西亚棕榈油行业协会认为，棕榈油将凭借其种植和生产的规模优势，占到全球植物油市场消费的"半壁江山"。就总体而言，油棕产量的增幅略高于市场需求，这也是导致国际市场价格涨

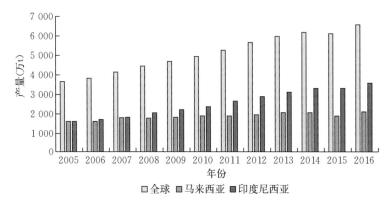

图 2-9　全球、印度尼西亚和马来西亚棕榈油的产量

跌不定的一个原因。因此，油棕种植国开始考虑对其实施永续性管理，即转而加强开发国内市场，扩大自身的消费。同时，也不断促进相关工业的发展，以期提高油棕产品的附加价值。因为在世界经济仍显脆弱、市场竞争激烈的局势下，仅靠国际市场难以维持长期发展。但是受印度尼西亚和马来西亚生物柴油限制的影响，全球棕榈油供应仍然紧张。

　　综上分析，近几年世界棕榈油供需趋于平衡，消费依然强劲，总体处于略微紧张的局面。这种情况主要受中国、印度和巴基斯坦等国家及欧盟等地区对棕榈油的持续需求所致。

　　在未来，中国对棕榈油的进口量对世界棕榈油消费市场起着重要的作用。这主要有三方面原因：①印度国内的油脂产量将增加，棕榈油的进口量将减少，使其在棕榈油市场上的影响逐步减弱。②中国国内经济发展迅猛，国民收入水平提高，越来越多的人用食用植物油代替动物油脂，饮食结构发生变化，以及对生物柴油的潜在需要，中国对棕榈油等植物油的需求将越来越大。③随着人们对棕榈油认知程度以及棕榈油加工工艺的提升，未来其消费量将逐渐增长。预计未来几年我国对棕榈油的需求会有较大的增加。早期做出的 2016—2022 年中国棕榈油行业市场规模预测见图 2-10，而

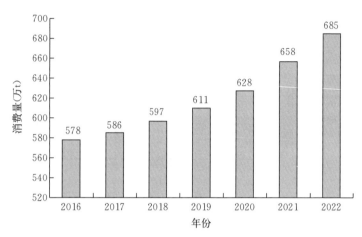

图 2-10　2016—2022 年中国棕榈油行业市场规模预测

资料来源：前瞻产业研究院整理。

美国农业部油籽报告数据显示，2016—2021 年我国棕榈油实际消费分别为 475 万 t、510 万 t、701 万 t、643 万 t、692 万 t、692 万 t，与早期预测值稍有不同，但趋势相似。

第六节　世界油棕产业发展展望

随着全球人口的增长，食用油和油脂市场日益扩大，人均消费量日益增加，人们越来越倾向于在饮食中用植物油代替动物油脂。自 1980 年以来，植物油的总产量增加了 3.4 倍。在主要的植物油品种中，棕榈油产量的增长是相当可观的，堪称新兴市场成功的典范，从 1980 年到 2009 年，增长了 10 倍。而同期内，其主要竞争对手大豆油，仅增长 2.7 倍。2005 年，就全球产量而言，棕榈油超过了大豆油。到 2009 年，棕榈油的产量为 4 510 万 t，其市场份额占 34.0%。大豆油、菜籽油和葵花籽油的市场份额分别占 27.0%、16.2% 和 9.8%。1980—2009 年全球植物油产量见表 2-6。

表 2-6 1980—2009 年全球植物油产量

单位：万 t

植物油种类	1980 年	1990 年	2000 年	2009 年
大豆油	1 340	1 610	2 560	3 590
棕榈油	450	1 100	2 190	4 510
菜籽油	340	820	1 450	2 150
葵花籽油	500	790	970	1 300
棕榈仁油	60	150	270	520
其他植物油	1 280	1 610	1 810	1 200
总计	3 970	6 080	9 250	13 270

资料来源：油脂世界年鉴 1980、油脂世界年鉴 1990、油脂世界年鉴 2000、油脂世界年鉴 2009。

2016 年全球主要植物油产量为 1.79 亿 t 左右，其中大豆油产量为 5 201 万 t，棕榈油产量为 6 172 万 t，菜籽油产量为 2 638 万 t，葵花籽油产量为 1 508 万 t。2012—2016 年，在所有主要植物油种类中，棕榈油产量都是最高，分别占植物油总产量的 33.44%、35.12%、34.81%、34.88%、34.54%。而大豆油在 2012—2016 年，分别占植物油总产量的 27.18%、26.81%、26.38%、27.87%、29.11%（表 2-7）。此外，2016 年全球主要植物油进口总量为 7 195 万 t，其中棕榈油的进口量为 4 509 万 t，占 62.67%（表 2-8）。出口方面，2016 年全球出口总量为 7 620 万 t，其中棕榈油的出口量为 4 650 万 t，占 61.02%（表 2-9）。2017 年全球主要植物油产量为 1.97 亿 t，其中大豆油产量为 5 593 万 t，棕榈油的产量为 6 977 万 t，菜籽油产量为 2 846 万 t，葵花籽油的产量为 1 772 万 t，椰子油产量为 344 万 t，棉籽油产量是 506 万 t，橄榄油产量是 270 万 t，棕榈仁油的产量是 812 万 t，花生油 592 万 t。2020 年全球植物油总进口量为 8 217 万 t，出口总量为 8 604 万 t。其中，棕榈油的进出口总量均居世界第一位。同年植物油的总消费量为 20 794 万 t，前三位的种类是棕榈油、大豆油和菜籽油。上述表明棕榈油在全球的主要植物油中占据非常重要的地位。

表 2-7 2012—2016 年全球主要植物油产量

单位：万 t

植物油种类	2012 年	2013 年	2014 年	2015 年	2016 年
椰子油	343	365	338	336	341
棉籽油	524	522	517	512	443
橄榄油	346	244	310	244	288
棕榈油	5 258	5 642	5 938	6 143	6 172
棕榈仁油	616	663	703	726	728
花生油	529	551	560	552	551
菜籽油	2 401	2 483	2 639	2 719	2 638
大豆油	4 273	4 307	4 500	4 895	5 201
葵花籽油	1 434	1 287	1 552	1 437	1 508
总计	15 724	16 064	17 058	17 564	17 869

资料来源：油籽：世界市场和贸易，2013、2014 和 2016。

表 2-8 2012—2016 年全球植物油进口总量统计表

单位：万 t

植物油种类	2012 年	2013 年	2014 年	2015 年	2016 年
椰子油	182	188	172	175	170
棉籽油	8	8	7	7	5
橄榄油	64	67	59	75	64
棕榈油	3 882	4 186	4 184	4 459	4 509
棕榈仁油	254	278	242	263	256
花生油	16	15	18	25	30
菜籽油	401	387	378	392	408
大豆油	798	849	927	1 007	1 126
葵花籽油	567	496	669	592	628
合计	6 172	6 475	6 656	6 995	7 195

资料来源：油籽：世界市场和贸易，2013、2014 和 2016。

表 2 - 9　2012—2016 年全球植物油出口总量统计表

单位：万 t

植物油种类	2012 年	2013 年	2014 年	2015 年	2016 年
椰子油	186	191	173	190	178
棉籽油	17	16	14	13	10
橄榄油	87	88	84	98	84
棕榈油	3 979	4 314	4 320	4 673	4 650
棕榈仁油	284	326	288	324	308
花生油	18	17	20	23	23
菜籽油	397	394	382	406	423
大豆油	845	933	942	1 101	1 195
葵花籽油	647	556	778	737	748
合计	6 460	6 834	7 001	7 566	7 620

资料来源：油籽：世界市场和贸易，2013、2014 和 2016。

棕榈油在消费量和市场份额方面的显著增长，很大程度上归于它与其他植物油和动物油脂相比，具有价格优势。与大豆油、菜籽油和葵花籽油相比，棕榈油的价格是最低的（表 2 - 10），因此它能够占领新市场，并打入那些传统上倾向于其他油品的市场。

表 2 - 10　2004—2015 年全球主要植物油价格走势

单位：美元/t

年份	大豆油	棉籽油	葵花籽油	花生油	棕榈油	菜籽油	椰子油	玉米油
2004	661	688	738	1 317	481	670	630	625
2005	507	609	962	1 171	392	660	636	614
2006	516	649	896	981	416	770	583	555
2007	684	787	1 279	1 253	655	852	812	701
2008	1 147	1 622	2 010	2 225	1 058	1 410	1 306	1 529
2009	709	820	1 108	1 539	633	868	735	722
2010	793	888	1 164	1 353	793	927	921	866

（续）

年份	大豆油	棉籽油	葵花籽油	花生油	棕榈油	菜籽油	椰子油	玉米油
2011	1 173	1 202	1 899	1 806	1 154	1 367	1 772	1 331
2012	1 144	1 173	1 834	2 247	1 032	1 258	1 244	1 236
2013	1 039	1 071	1 452	1 934	791	1 127	858	1 029
2014	843	1 337	1 304	1 430	803	954	1 278	869
2015	697	1 009	1 471	1 265	626	782	1 128	827

资料来源：油籽：世界市场和贸易，2006、2010 和 2014。

随着人口的增长、人均食用油消耗量的增加以及发达国家更趋向于远离饱和动物脂肪，食用领域对于棕榈油的需求也将持续增加。在 2008 年和 2009 年，欧盟和美国对于食用油的人均消耗量分别为 59.3 kg 和 51.7 kg。发展中国家比如印度、巴基斯坦和尼日利亚的人均食用油消耗量分别是 13.4 kg、19.9 kg 和 12.5 kg。随着发展中国家越来越追求更高的生活质量，其人均食用油消耗量已接近当前的全球人均消耗量 23.8 kg。

假设人口的增长率为 11.6%（截至 2020 年 12 月世界人口总数为 75.85 亿），人均食用油消费量的增长率为 5%，到 2025 年，需要多生产 2 770 万 t 植物油。如果这一数字需要棕榈油来满足的话，需要增加 630 万 hm^2 的种植面积，且前提是每公顷的产量还要提高 10%。不过，如果这一数字由大豆油来满足，则需要增加 4 200万 hm^2 的种植面积。棕榈油将是满足人们食用油消费的重要来源。

尽管当前世界上有 80% 的棕榈油用于食品行业，但是在非食品行业的应用也越来越重要，从而带动棕榈油的需求和价格的上涨。棕榈油在加工行业的应用也非常广泛。出于"反式脂肪酸"（TFA）和"转基因"（GMO）对健康造成危害的担心，也加大了对棕榈油的需求。棕榈油在制造人造奶油的过程中几乎不需要进行氢化作用，所以由它制成的面包和糖果油脂是一种可以接受的替代油脂，它不像其他植物油那样在加工时需要进行加氢作用。

　　此外，在越来越多的肥皂、洗涤剂和表面活性剂、化妆品、医药、保健品和一些家庭日用品以及工业产品中，人们已从使用石油加工的产品，转向使用棕榈油产品，从而开拓了对棕榈油在非传统方面的需求。全世界希望利用可再生燃料来取代至少一部分化石燃料的愿望，促进了对植物油的需求，这是因为植物油可以作为生物燃料的原料。除了对环境的关注之外，生物燃料相对较高的价格也促生了对于低价、清洁的替代燃料的需求。在生物燃料行业，全球很多国家都规定生物柴油的混合比例。如果计划中的规定得到落实，则需要增加 400 万 hm^2 的油棕种植面积以满足欧盟的需求，另外需增加 100 万 hm^2 以满足中国的需求。因此，未来食品、非食品和生物燃料等方面对棕榈油的需求会大大增加。棕榈油行业的未来发展前景广阔。

　　既然对棕榈油的需求这么旺盛，那么未来棕榈油将产自何处呢？印度尼西亚政府的愿望是成为"全球最具持续性的棕榈油生产国"，目标是到 2025 年生产 4 000 万 t 棕榈油，其中 50% 用于食品领域，另外 50% 用于能源领域。马来西亚由于可用面积有限，其油棕种植面积的扩张进程将放缓，而巴布亚新几内亚和泰国将在棕榈油的生产上发挥重要作用。

第三章 世界主要油棕生产国的产业发展与科学研究现状

第一节 印度尼西亚

一、油棕种植情况

1848 年，油棕作为观赏植物引种到印度尼西亚茂物，直到 1911 年苏门答腊岛东部沿岸开辟油棕种植园后才开始商业栽培。印度尼西亚土地肥沃，气候适宜，雨水充沛，可耕地广阔，具有得天独厚的种植条件和巨大的潜在生产能力。1970 年以来，油棕成为印度尼西亚发展最快的经济作物。棕榈油产量从 164 万 t 增长到 1 610 万 t，到 2013 年已经超过 3 000 万 t。近几年，印度尼西亚油棕的种植面积迅速扩大。1986—2006 年的 20 年时间里，印度尼西亚油棕种植面积增长近 10 倍，从 60.7 万 hm² 发展到 607.5 万 hm²，2001—2015 年印度尼西亚油棕种植情况见表 3 - 1。

表 3 - 1 2001—2015 年印度尼西亚油棕种植情况

单位：万 hm²

年份	2001	2003	2005	2006	2009	2011	2013	2015
面积	358	492	520	607	790	800	814	1 144

资料来源：油脂世界年鉴 2001、油脂世界年鉴 2005、油脂世界年鉴 2009、油脂世界年鉴 2013。

印度尼西亚油棕种植面积逐年增长，在 2009 年，印度尼西亚油棕面积达 790 万 hm²，年增长率为 11.8%。在 2010 年，油棕种植面积约 800 万 hm²，其中 43% 是农民拥有，8.5% 是国家拥有，剩余的 48.5% 是归大型私有企业拥有。在油棕种植园开始发展的时候，主要是在苏门答腊岛，尤其是在苏北省。苏门答腊岛的棕榈种植面积和产量均占印度尼西亚总的种植面积和产量的80％以上。到2011年，印度尼西亚商业开发油棕种植园已有100年历史，目前印度尼西亚共有多个省种植油棕和生产棕榈油，包括北苏门答腊、西苏门答腊、廖省、南苏门答腊、朋姑露、楠榜、占俾、亚齐、邦加勿里洞、西爪哇、南苏拉威西、中苏拉威西、东南苏拉威西、东加里曼丹、南加里曼丹、中加里曼丹、西加里曼丹和巴布亚省等。

印度尼西亚油棕种植园长期以来主要有3种经营模式：大型私人种植园、国有种植园和个体农户小型种植园。为适应国际市场发展和价格波动情况，油棕种植园模式结构也发生较大变化，已经逐渐由政府主导和控制市场转向私人经营和市场自我调节为主。国有种植园的面积和产量在总种植面积和产量中所占比重分别由1986年的54.8％和67.8％下降到2006年的11.5％和15％左右；同期大型私人种植园的面积和产量比重分别由23.8％和28％上升到45％和47.7％左右，已发展成为油棕业的支柱；个体农户种植园的面积和产量比重分别从21.4％和4％增长到43.5％和37.8％左右，其增长势头最猛。到2018年，印度尼西亚的油棕种植面积国企只占了6.63％，私企占52.88％，个体农民占40.49％。

印度尼西亚政府一直非常重视油棕产业的发展，在该国独立后的第二个五年发展计划中就曾制定油棕种植园十年规划，注重吸引和鼓励私人和外资投资油棕种植园。近年来该国一直鼓励农民扩大油棕种植生产，将油棕作为国家的政治与战略物资进行发展。2006年，印度尼西亚政府再次将油棕种植列入国家优先发展行业，为种植园提供贴息贷款及减少税收等优惠政策，并在苏北、廖省、西加里曼丹和东加里曼丹四个地区建立棕榈油工业集中发展区，吸引国内外投资商。加之当时国际和国内市场上棕榈油价格看好，也吸引了众多投资者，提高了农民种植油棕的积极性。此外，为使棕榈油在国际上更具竞争力，印度尼西亚政府成立专门的研究部门，重新调整国有种植业的战略和模式，强化管理，提高国有种植公司的效率，并完善国家市场战略以促进棕榈油消费。

随着油棕种植面积和棕榈油出口数量不断攀升,该国已成为世界最大的油棕种植国和棕榈油生产国。尽管受到城市化、人口增长、新工业园区发展、道路建设用地增加及环保主义者的反对等因素影响,印度尼西亚油棕种植土地扩张受到一些限制,但印度尼西亚政府为保持年均经济增长 6% 的目标,将油棕种植园列入国家优先发展产业,早在 2009 年计划新增 300 万 hm^2 土地用于种植油棕、橡胶、可可等经济作物,但该计划是否实施未有后续报道。从印度尼西亚现有的土地资源看,也具备扩大种植面积的条件,印度尼西亚可用于油棕种植的土地有 2 600 万 hm^2,主要分布在廖岛、亚齐、苏门答腊、巴布亚、加里曼丹等省。据印度尼西亚政府有关部门的统计,截至 2015 年,还有大量土地可以被开发用于种植油棕、橡胶、可可等经济作物,目前还在继续扩张种植油棕。因此,印度尼西亚油棕的发展空间还十分广阔。

二、棕榈油生产情况

棕榈油是印度尼西亚出口创汇的支柱产业。在印度尼西亚从事棕榈油的生产商很多,著名的有金光集团(Sinar Mas Group)、米南伽奥甘农业公司(PT Perkebunan Minanga Ogan)和新加坡金鹰国际集团(RGE International)旗下亚洲种植集团和顶峰集团等,其中金光集团是印度尼西亚最大的油棕种植、棕榈油精炼加工和油化学品生产商之一,拥有世界上最大的棕榈油精炼厂。上述集团和公司掌握了印度尼西亚大部分棕榈油市场,为印度尼西亚和各国提供了大量的棕榈油。

棕榈油生产加工业是印度尼西亚经济发展的支柱行业之一。根据印度尼西亚中央统计局资料,目前油棕种植已占到农业产值的 11.87%。2003—2006 年,油棕种植业的产值平均增长率为 17.8%,远高于整个农业部门 8% 的比率,同期棕榈油产量以每年约 15.3% 的速度增长,其中个体小农种植园增长最快,为 20.7%,私有部门为 15.9%。印度尼西亚棕榈油产量巨大,但是生产效率相对较低,2018 年印度尼西亚棕榈油生产效率为 3.8 t/hm^2,远低于马来西亚的

4.6 t/hm²，这种单产水平的差距，截至 2021 年仍没有明显改善。

近年来，印度尼西亚政府大力支持和推动油棕产业的发展，印度尼西亚棕榈油行业的管理部门主要有 3 个，即农业部、工业部和贸易部。农业部种植园总司负责油棕种植业的产业总体发展规划、政策制定和技术标准等；工业部负责棕榈油加工生产环节的管理，包括棕榈油加工企业的注册、经营、生产和销售等；贸易部国际贸易总司负责棕榈油进出口贸易环节的管理，包括棕榈油及衍生产品贸易政策、棕榈油进出口商注册和经营许可等。此外，还制定了一系列鼓励政策，如印度尼西亚政府还将税收作为调控棕榈油市场供应的手段。为促进棕榈油出口，印度尼西亚曾将棕榈油出口税率从 1999 年的 60% 以上调至现在的零关税，但印度尼西亚政府仍保留了 10% 的初级产品增值税。如从 2014 年 10 月 1 日起将印度尼西亚棕榈油出口最高关税从 25% 下调到 22.5%，最低出口税率从 1.5% 上调到 7.5%，这将会提升印度尼西亚的棕榈油加工利润，赢得更多的市场份额。2016 年，印度尼西亚国内部分人士呼吁政府鼓励本地棕榈油下游行业的发展，对棕榈油出口采取限制措施，若印度尼西亚真的采用调高出口税率等限制措施，将加剧未来国际市场棕榈油供求缺口。但截至 2021 年，该措施的相关政策仍未出台，表明出口棕榈油仍是印度尼西亚的重要产业。

印度尼西亚棕榈油协会（GAPKI）的研究表明，由于过去几年印度尼西亚油棕种植面积大幅扩张，棕榈油产量在 2008—2018 年中提高了近 3 倍。2008 年，印度尼西亚已经超过马来西亚成为世界第一大棕榈油生产国（表 3-2），其棕榈油产量高达 1 933 万 t，约占总产量的 45%，而马来西亚棕榈油产量约占总产量的 40%。根据 *oil world* 资料显示 2012 年印度尼西亚油棕收获面积为 650 万 hm²，棕榈油产量达到 2 540 万 t，高于 2011 年的收获面积 610 万 hm² 和产量 2 400 万 t，单产变化不大，与 2011 年的单产 3.94 t 相近。其中 2005—2011 年印度尼西亚棕榈油产量见表 3-2。根据印度尼西亚棕榈油协会（GAPKI）的数据，2014 年印度尼西亚的全年棕榈油产量达 3 150 万 t，2016 年印度尼西亚棕榈油产量为 3 150 万 t，较 2015 年的 3 250 万 t 下降 100 万 t，降幅为 3%，减产幅度远低于市场预期。印度尼西亚产量恢复速度之快出乎市场意外，主要是新种植园不断增加，仅 2013 年就增加油棕树种植面积 113 万 hm²，目前油棕树已经成熟，开始结果。相对于马来西亚，印度尼西亚的油棕种植面积增幅更大，增速更快，潜力也更大。

表 3 - 2　2005—2011 年印度尼西亚棕榈油产量

单位：万 t

年份	2005	2006	2007	2008	2009	2010	2011
产量	1 433	1 610	1 737	1 933	2 060	2 200	2 400

资料来源：油脂世界年鉴 2007、油脂世界年鉴 2010。

印度尼西亚棕榈油的需求包括国内消费和出口两部分，出口的是以毛棕榈油的形式进行，精炼棕榈油以及棕榈油成品、附属制品的加工等产业还比较薄弱，很多精炼棕榈油项目上不及马来西亚。近年来，大多数国家棕榈油的进口格局发生了改变，例如中国的棕榈油进口的初榨棕榈油和 19～24 ℃棕榈油进口量大幅增加，44～56 ℃棕榈油硬脂进口量急剧降低。在贸易领域内，出口国的产品性质将随着进口国的需求而改变，印度尼西亚的棕榈油产品的出口必然要多元化。另外，印度尼西亚政府从 2015 年起，只允许出口 50%的毛棕榈油，到 2020 年只允许出口 30%的毛棕榈油，鼓励发展本国棕榈油下游产业。

欧洲是印度尼西亚棕榈油出口的传统市场，但常常会因为印度尼西亚棕榈油是否被污染而频频被设立贸易壁垒。近年来，由于欧洲对印度尼西亚棕榈油限制过于频繁，印度尼西亚棕榈油的出口重点已经有所转移主要销往印度、荷兰、中国、巴基斯坦、孟加拉国等。

三、油棕科研情况

印度尼西亚油棕研究所（IOPRI/PPKS）（彩图 2 和彩图 3）和印度尼西亚茂物农业大学等是从事油棕相关研究的主要科研机构。

印度尼西亚油棕研究所于 1916 年成立，已有百年历史。其印尼语简称为 PPKS（Pusat Penelitian Kelapa Sawit），译为油棕研究中心。其前身是 APA（Algemeene Proefstation der AVROS），名称是印尼语表述，译为 AVROS 综合测试站。AVROS 也是印尼语缩写，全称为 Algemeene Vereeniging van Rubberplanters ter Oostkust van Sumatra，译为苏门答腊东海岸橡胶植物总协会。

成立之初 APA 研究的重点是橡胶商品，后期把油棕作为主要研究对象。建立 APA 的背景是当时席卷烟草业的危机。烟草危机使当局意识到需要研究与开发机构的大力支持才能实现农产品的可持续性发展。

为了配合苏门答腊油棕种植园的发展，荷兰的一家公司在多洛克伊里尔的剑麻研究中心进行了油棕资源收集和育种研究，培育了几个优质的薄壳种（Pisifera）。在此基础上 Marihat 研究所于 1963 年成立，其宗旨是进行油棕研究，并在随后的几年中将其更名为 Puslitbun Marihat。

1957 年，APA 更名为苏门答腊种植者协会（RISPA）。RISPA 的地位和名称一直持续到 1987 年，然后更名为棉兰种植园研究中心（Puslitbun），并在合并实施之前一直保留。1992 年，合并形成现在的油棕研究所（PPKS，即 IOPRI）。

在油棕遗传育种方面，以 dura（D）× pisifera（P）的杂交后代为育种材料，已经培育出具有较高产量表现的商业品种，分别是 Dumpy、PPKS 540、Yangambi、Landkat、Socfin、Sriwijaya、Topasz 和 Lonsum 等。在品种适应性方面，PPKS 540 更适用于日平均气温较低的地区（18～23 ℃）。在平均气温为 24～32 ℃ 的地区，该品种均能获得生长良好。同时，对于平均气温在 30～32 ℃ 之间的地区，可考虑选择能产生更多果串的油棕品种，如 D×P Avros、D×P LaMe、D×P Langkat、D×P PPKS 540、D×P Simalungun 或 D×P Yangambi 等。

在产业技术应用方面，印度尼西亚油棕研究所研究了种子发芽不同阶段对温度、湿度的要求，建立了工厂化种苗繁育技术体系，为生产提供大量优质种苗。为加快优良新品种的繁育，该所也建立了组培苗生产技术体系，每年可提供组培苗上万株以上。同时，针对油棕枯萎病、红棕象甲和油棕刺蛾危害严重的情况，该所开发出防治油棕病虫害的系列制剂并在生产上大规模应用，收到了良好的效果。并根据市场需求，开发出油棕巧克力、油棕酒等精深加工产品，提高了产品的经济效益。

印度尼西亚茂物农业大学是印度尼西亚公立研究机构，是一所涉及农、林、鱼、畜以及社会科学的综合性大学，其热带作物研究处于世界领先水平，在油棕科研方面有良好的科研平台，尤其是在油棕遗传育种方面，有较深入的研究。

第二节　马来西亚

一、油棕种植情况

马来西亚位于赤道附近，属于热带雨林气候，年平均气温 35 ℃，雨量充沛，年降水量为 2 500 mm，日照充分，气候温暖，而且没有台风和洪水等自然灾害的侵害。丰富的光热资源为马来西亚油棕产业的发展提供了独一无二的自然条件。马来西亚从 1917 年开始种植油棕，经过大量种植油棕林，其种植面积逐步扩大，马来西亚油棕产业的快速发展始于 20 世纪 60 年代初，在 60 年代中期，政府规定 60% 的新耕地要种植油棕，并鼓励私人将老橡胶园、老椰子园改种油棕。80 年代，种植面积继续扩大，产量不断提高，并超过了橡胶，成为最重要的出口农产品。在种植园中，私人种植园与政府机构管理的种植园各占一半。2001 年种植面积为 350 万 hm²，到 2004 年底种植面积已达 380 万 hm²，2005 年种植面积达到 400 万 hm²。据马来西亚棕榈油署统计，马来西亚 2010 年油棕种植面积为 485 万 hm²，占全国土地面积近 15%，其中沙巴是种植面积最大的州，其种植面积为 140 万 hm²，占全国种植面积的 29%，砂拉越州以 90 万 hm² 居第二，占全国的 19%。2011 年以来，马来西亚油棕种植面积从 500 万 hm² 增加至 2015 年的 564 万 hm²，增幅为 13%，其中收获面积由 428 万 hm² 增加至 486 万

hm²。2000—2016 年马来西亚油棕种植面积见表 3-3。

表 3-3 2000—2016 年马来西亚油棕种植面积

单位：万 hm²

年份	2000	2002	2004	2005	2006	2008	2010	2011	2015	2016
面积	338	367	388	405	417	450	485	500	564	574

资料来源：马来西亚：油籽和产品年鉴，2002、2004、2008、2011 和 2016。

　　近年来，马来西亚油棕树龄逐年老化（图 3-1），2015 年第 3 季度，Wilmar 发布的油棕树树龄结构显示：马来西亚油棕树 1～8 年树龄的数量占该国油棕总数的 35%，9～18 年树龄的油棕树占总数的 39%，18 年树龄以上的油棕树占比 26%（一般油棕树在 18 年后产量逐渐进入衰减期，鲜果穗产量可降低至 10 t/hm²）。马来西亚的老龄化油棕树比例比印度尼西亚的高 12%（图 3-2）。

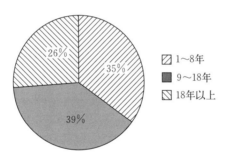

图 3-1 马来西亚油棕树的树龄结构

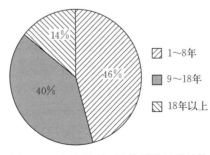

图 3-2 印度尼西亚油棕树的树龄结构

二、棕榈油生产情况

目前马来西亚是全球第二大棕榈油生产国。20 世纪 20 年代马来西亚开始企业化种植并开始棕榈油轧制，其棕榈油产业经历了三个重要的发展阶段。第一阶段是 1960—1975 年，油棕种植面积日渐扩大，棕榈油产业体系开始建立，此阶段主要以加工棕榈毛油为主，棕榈仁大部分被出口。20 世纪 70 年代马来西亚一跃而成为全球最大的棕榈油生产国和出口国。第二阶段为 1976—1985 年，主要以棕榈油精炼油加工为主，棕榈仁油的产量显著增加，出口开始增多。1986 年至今为第三阶段，随着棕榈油加工技术的提高，政府不断加强对棕榈油业的引导和研发，棕榈油下游产品油脂化工业得到进一步发展。随着马来西亚油棕种植面积的不断扩大和棕榈油提取水平的不断提升，棕榈油产量迅速增加，1985 年马来西亚的棕榈油产量基本在 500 万 t 左右，在 2005 年，马来西亚棕榈油产量达到了创纪录的 1 496.2 万 t，在 20 年的时间里产量增长了 3 倍，在此期间，马来西亚是世界上最大的棕榈油及相关制品的生产国和出口国，棕榈油制品的出口量约占世界总出口量的近 2/3，直接影响世界棕榈油的价格走向。马来西亚 1996—2006 年棕榈油产量、出口量、出口价格见表 3-4。马来西亚棕榈油署（MPOB）统计数据显示（表 3-5），2011 年毛棕榈油的产量达到 1 890 万 t，出口量达到 1 800 万 t，平均价格达到每吨 3 247 令吉，均创下历史新高，成为马来西亚主要经济来源之一。2016 年棕榈油产量 2 000 万 t，2017 年产量为 1 990 万 t。

表 3-4　1996—2006 年马来西亚棕榈油产量、出口量、出口价格

年份	产量 （万 t）	同比 （%）	出口量 （万 t）	同比 （%）	每吨出口价格 （令吉*）	同比 （%）
1996	838.6	—	721.2	—	1 273.5	—
1997	906.9	8.14	749.0	3.88	1 443.5	13.35
1998	832.0	−8.26	746.4	−0.35	2 486.5	72.25

（续）

年份	产量 （万 t）	同比 （%）	出口量 （万 t）	同比 （%）	每吨出口价格 （令吉*）	同比 （%）
1999	1 055.4	26.85	891.2	19.40	1 514.0	−39.09
2000	1 084.2	2.73	908.2	1.90	1 030.0	−31.97
2001	1 180.4	8.87	1 062.5	16.99	936.5	−9.07
2002	1 190.9	1.85	1 088.6	2.46	1 354.0	44.58
2003	1 335.5	12.13	1 226.6	12.68	1 613.5	19.17
2004	1 397.6	4.65	1 257.5	2.49	1 676.0	3.90
2005	1 496.2	7.05	1 344.6	6.92	1 454.0	−13.25
2006	1 590.0	6.28	1 465.5	8.99	1 534.0	5.50

＊：令吉为马来西亚的货币。

资料来源：马来西亚油棕署数据库。

表 3-5　2007—2016 年马来西亚棕榈油产量

单位：万 t

年份	2007	2008	2009	2010	2011	2012	2013	2014	2015	2016
产量	1 650	1 770	1 780	1 700	1 890	1 900	1 920	1 950	1 875	2 000

资料来源：马来西亚油棕署数据库。

马来西亚除了出口棕榈油外，还加强对油棕相关高价值的精炼产品的研制和开发。马来西亚的化学油脂在世界占据统治地位，高品质的棕榈油基化学油脂和脂肪酸是纺织、化学品、医药、塑料和润滑剂等许多产业的关键原料。目前马来西亚已经从油棕产品中开发生产出油墨、洗涤去污剂、化妆品和护肤用品、纸浆、合成板条、纤维垫、机械木材、锯木板和铸模家私产品等。其棕榈油及制品出口到 150 多个国家和地区，出口国主要是中国、荷兰、巴基斯坦、日本和美国。

同时，马来西亚政府能源开发局一直致力于棕榈油能源开发，当棕榈油产品过剩或市场不景气时，及时将棕榈油转化为电能、热能或汽油的代用品，可以维持棕榈油市场的整体秩序，保护种植者的利益。棕榈油产品在工业的持续"绿色化"方面很有潜力。马来西亚研发的生物柴油又称为 B5 生物柴油，是指含有 5% 棕榈油成分的柴油，并公布了一系列生物柴油政策以促进生物燃料产业的发展，其中包括生产、使用、质量标准，以及在马来西亚国内设厂生产并出口的具体政策。这种"绿色"的生物燃料具有高效、可再生和环保的特点，有可能最终成为汽车工业中的一种主要绿色燃料。

此外，马来西亚政府一直重视棕榈油产业的发展，为了引导、管理和协调马来西亚棕榈油产业的发展，制止棕榈油产业中的不当行为，提升棕榈油及相关制品的质量水平，马来西亚政府出台了《马来西亚棕榈油业许可证管理办法》《马来西亚棕榈油业质量管理办法》《马来西亚棕榈油业合约登记管理办法》，明确了从业资格和准证管理、质量检验、合约登记和违规的处罚措施等。并且先后在两个发展计划中专门对棕榈油产业制订了发展计划。随着棕榈油出口量的加大，马来西亚政府与许多国家谈判，说服他们降低棕榈油的进口关税并取消非关税壁垒。还在世界各地建立办事处来提供对棕榈油的技术服务，包括在中国、印度、美国和巴基斯坦等国设立办事处。同时，马来西亚政府还以各种方式促销棕榈油，包括给进口国提供贷款、安排以货易货锁定外销市场，有限度地给予部分棕榈油出口免税。为了进一步推动马来西亚棕榈油产业的发展，马来西亚政府于 2000 年 5 月 1 日在原有的棕榈油研究与发展委员会、棕榈油研究院以及棕榈油注册管理局等 3 家机构的基础上合并成立了马来西亚棕榈油委员会。该委员会负责对马来西亚棕榈油产业的具体管理以及提供经营和科技支持，包括棕榈油业的政策制定、研发、企业的注册、生产和贸易执照核发、市场开拓及相关咨询。

三、油棕科研情况

马来西亚政府一直重视棕榈油行业的发展，先后在两个国家发展计划中专门制定了棕榈油业的发展规划。马来西亚种植与原产业部负责该行业的统筹规划和政策协调。2000 年 5 月 1 日，马来西亚政府将原有的棕榈油研究与发展委员会、棕榈油研究院和棕榈油注册管理局等 3 家机构合并成立了马来西亚棕榈油署（Malaysian Palm Oil Board，MPOB），负责该国棕榈油业政策制定、研究与开发、企业注册、生产和贸易执照核发、市场开拓及相关咨询等业务，隶属于马来西亚原产业部，是负责马来西亚棕榈油行业推广和发展的政府机构，也是最知名的油棕科研机构之一。油棕新品种的培育和推广对推动油棕产业的发展至关重要，MPOB 在这方面做了大量的工作，从 20 世纪 60 年代开始，即开展油棕种质的收集与保护研究，建立了继水稻之后的第二大植物种质基因库，并在此基础上培育出了多个优质高产 D×P 系列、GH500 系列等杂交新品种。MPOB 油棕种质资源库位于柔佛州居銮市，占地 406 hm^2，种植各种油棕约 6 万株，为油棕新品种的培育提供了丰富的资源。

在育种方面，收集了许多非洲、美洲野生半野生的油棕种子（特别重视油棕近缘属的收集），进而通过常规杂交选育出许多属间属内新品种。同时，通过生物技术进行转基因育种，希望选育出抗虫、抗病的高产新品种。

在组织培养方面，马来西亚具有成熟的油棕组织培养技术，通过规模化的商业生产和组织培养的方式利用有益基因进行遗传改造，培育抗虫害、抗病害的高产新品种。目前，马来西亚已将组织培养技术大规模应用于种苗繁育，使得该技术成为加快油棕新品种推广的重要方法。

在种植技术方面，马来西亚既注重油棕的基础营养研究，也注重油棕的种植技术与管理技术研究，同时还非常重视信息技术在油棕种植上的应用，建立了油棕资源信息系统，用地球信息系统、全球定位系统及微观分析系统指导油棕园的种植管理实践。

在病虫害防治方面，油棕茎基腐病（BSR）是一种威胁较大的病害，吡虫啉处理能够抑制 BSR，感染明显降低，植株生长较快，其效果与己唑醇相当，具有显著提高植物生长的作用；木霉菌具有拮抗真菌的特性，可用于油棕苗期狭长孢灵芝的生物防治。

在棕榈油的综合利用和深加工方面,马来西亚以棕榈油为原料,精炼出高纯度不同级别的棕榈油(包括棕榈毛油、棕榈液油、棕榈硬脂、棕榈仁油、棕榈仁液油等),用于人造奶油、起酥油、油脂、咖啡伴侣、甘油、肥皂、类可可脂、乳化剂、饲料、洗涤去污剂、化妆品和护肤用品等,有效延长了棕榈油的产业链,提高了棕榈油的附加值。

高级生物技术与育种中心(ABBC)是 MPOB 最重要的研究部门之一,下辖育种与组织培养、功能与生物技术、基因组学、代谢组学、生物信息学等 5 个专业研究部门,科研实力雄厚(彩图 4 和彩图 5)。自 2013 年建立油棕基因组数据库以来,ABBC 连续多年在 Nature 等顶尖期刊上发表了相关文章。此外,MPOB 还主办了油棕专业研究领域的学术期刊 *Journal of Oil Palm Research*。

此外,森那美 Sime Darby、Federal Land Development Authority(FGV)、Applied Agricultural Resources(AAR)、IOI Corporation Berhad(IOI)等公司在油棕新品种选育、产业技术及配套产品研发等方面做了大量研究(彩图 6 至彩图 8),在 MPOB 等政府部门的支持下,有力推动了马来西亚的油棕产业发展。

总之,马来西亚在油棕新品种培育、组培快繁、丰产栽培、产品精深加工等方面都做了大量的工作,在油棕领域的研究水平居世界领先地位。

第三节 泰 国

一、油棕种植情况

泰国位于中南半岛中南部,大部分地区属热带季风气候,高温多雨,降水集中。泰国的农业较发达,农产品出口是外汇收入的重要来源,棕榈油是泰国的主要农产品之一,目前棕榈油的产量居世界第三位。

由于泰国实行油棕扩种计划,泰国的油棕收获面积逐年增加。1995 年,泰国的油棕收获面积为 16.4 万 hm^2,居世界第六位;

2005 年增加到 31.5 万 hm^2，比 1995 年增加了 92%，占世界油棕总收获面积的 2.5%，居世界第四。泰国 2005 年提出的提高粗棕榈油产量生产生物柴油计划，从 2006 年开始扩大油棕种植面积。油棕扩种计划分两阶段，第一阶段是 2006—2009 年，2006 年的目标是新植 11.52 万 hm^2，更新 2.96 万 hm^2；第二阶段是 2010—2016 年，其中 2012 年油棕种植面积扩大到 65 万 hm^2 左右。目前，泰国是全球第三大油棕种植国，仅次于印度尼西亚和马来西亚。

二、棕榈油生产情况

1996—2005 年，泰国的油棕果产量大幅提高，从 1996 年的 268.8 万 t 上升到 2005 年的 525 万 t，增幅达 95.3%，2005 年的油棕果产量占世界总产量的 3%。2006 年泰国棕榈油产量达到 90 万 t。主要是油棕果单产从 1996 年的 16.42 t/hm^2 平稳上升至 2005 年的 16.67 t/hm^2，稍高于当时的世界平均水平（13.76 t/hm^2）。据美国农业部数据显示，2014—2015 年泰国棕榈油产量为 225 万 t，比 2013—2014 年的 215 万 t 提高 4.7%。

2008—2012 年，泰国在生产生物柴油方面对棕榈油的需求都在不断升高，平均每年增加 16.98%。泰国能源部宣布自 2012 年 1 月 1 日起使用生物柴油 B5 的政策，2012 年棕榈油用于食用方面为 100 万 t，用于生产生物柴油用量 37.67 万 t，同比分别增长 11.55%和 61.15%。

在国内棕榈油产量不能满足国内需求的情况下，泰国大多进口棕榈油初级产品，过滤后用于生产精炼棕榈油。泰国棕榈油的进口量波动较大，1995 年的进口量为 1.5 万 t，进口额达 919.5 万美元，而 2001 年的进口量和进口额则分别减少到 117 t 和 4.5 万美元，到 2004 年则分别增加到 7.5 万 t 和 3 937.4 万美元。棕榈油出口方面，泰国主要出口棕榈油初级产品和精炼棕榈油。每年的出口量差别较大，这主要取决于国内产量以及国际、国内市场价格。如果国内产量大、价格低，或者国际市场的价格偏高；从业者便积极促进出口。泰国棕榈油初级产品主要出口到马来西亚，精炼棕榈油主要输往缅甸、老挝及柬埔寨。1995—2004 年，泰国的棕榈油出口量略有波动，但是总体仍呈上升趋势。1995 年的棕榈油出口量和出口额分别为 6 157 t 和 418.8 万美元；2004 年则分别达到 12.4 万t 和 7 721.1 万美元，均居世界第九位。泰国的棕榈仁贸易较少，而棕榈仁油出口量则居世界第三位，其中 2004 年泰国的棕榈仁油出口量为 7 万 t，出口额达 3 414 万美元。

2008—2012 年，毛棕榈油的出口增长率为平均每年 20.15%，2012 年泰国出口棕榈油约 30 万 t，与上年相比下滑 22.87%。主要因为 2011 年 6 月政府提高了棕榈油出口税，以防止发生棕榈油短缺，以及维持国内食用棕榈油的价格。在进口方面，只有在出现国内棕榈作物收成供不应求的状况，国家棕榈油政策委员会才会允许进口棕榈油解决短缺问题。2011 年泰国进口棕榈油 5.98 万 t，2012 年进口 4.01 万 t。2013 年泰国国内市场对棕榈油的需求约 161 万 t，较 2012 年略高 0.17%。其中，用于食用方面估计约 100 万t，用于生产生物柴油（B100）与 2012 年近似，在 61 万 t 左右。泰国能源部规定生物柴油中棕榈油所占比例约为 5%。2014 年和 2015 年泰国棕榈油的生产量分别为 215 万 t 和 225 万 t，消费量分别为 190 万 t 和 180 万 t。

棕榈油是泰国使用最广泛的一种植物油，约占油类产品消费总量的 62%，其次为豆油，约占 15%，椰子油占 10%。泰国棕榈油主要用于直接消费以及作为原材料供给多种工业品生产等，如香皂、人造黄油、人造乳酪、甜奶精、速食面、点心及零食工业等。由于棕榈油价格便宜和用于生产生物柴油燃料已引起越来越多的重视，泰国对棕榈油的需求仍呈不断上升趋势。但泰国的棕榈油生产中还存在着一系列问题，具体如下：

（1）油棕扩种问题。目前，泰国没有明令限制油棕的种植区域。除南部以外，西部及东北部的油棕种植区域也在进一步扩大，西部包括春武里府、骆勇府，东北部包括沙缴府，每年增加 3 000~6 000 hm² 。照此发展趋势可能会带来一些问题，因为有些土地不太适宜种植油棕。另外，由于大量扩种油棕，未来的一段时期内油棕的供应量也将远远超出国内市场需求，将加剧国内棕榈油市场价格波动，进而影响整个产业链。

（2）油棕品种品质低。高品质、高标准的油棕品种及其对土地的适应性，是油棕种植的核心。由于过去对油棕品种品质标准未给予足够的重视，所以泰国低产油棕面积大约为 4.8 万 hm²。为了解决这些问题，必须持续有效地调整开发油棕新品种，提高油棕品质。

（3）棕榈油生产成本高。与棕榈油主产国马来西亚相比，泰国棕榈油业的生产成本偏高。据 2020 年数据统计，泰国粗棕榈油生产成本约为 1.92 泰铢/kg，而马来西亚仅为 1 泰铢/kg；泰国棕榈油提炼厂的生产成本约为 2 泰铢/kg，而马来西亚的生产成本则仅为 0.8~1 泰铢/kg。此外印度尼西亚的生产成本也明显低于泰国。如果泰国按照《东盟自由贸易协议》规定开放棕榈油市场，泰国的棕榈油产业将面临马来西亚和印度尼西亚的激烈竞争，大量的油棕从业人员，包括小型种植业者、效率较低的棕榈油提炼厂及棕榈油过滤厂，将受到极大的冲击。

（4）棕榈油产业链少。棕榈油主要作为人造黄油、人造乳酪、各种糕点、洗涤用品、甜奶精、蜡烛、颜料、化妆品及抗生素等多种相关工业产品的原材料。泰国以棕榈油为原材料的相关产业较少，因此，使用棕榈油创造产品附加值的机会仍然有限，这是泰国棕榈油产业的薄弱环节，也使泰国失去了大量的商业机会。

（5）棕榈油业稳定性不高。泰国棕榈油业的生产效率及生产成本与印度尼西亚、马来西亚等几个主要的棕榈油生产国相比，还处于劣势。因此，棕榈油从业人员从种植园主到榨油厂都必须努力提高生产效率，提高企业竞争力，以迎接市场开放的挑战。包括从业者、官方有关部门在内的各方面人员都需要共同寻求解决问题的途径，制定合理的发展战略，以实现泰国棕榈油业的健康持续发展。

总的来说，对于泰国油棕产业，生产成本偏高是最大的问题。无论是油棕种植园、榨油厂或是精炼厂，其生产规模相对生产大国而言都比较小，所以生产成本也相对较高。部分业界人士建议：政府应该尽快通过国家棕榈油条例，即集中各方面相关人士的意见，建立泰国油棕产业自上游至下游产业的全套完整体系。产业体系建成后不但可以提高生产效率，扩大产量，降低成本，同时还可以促进国内的工业使用和消费食用，有助于其油棕产业可持续发展。

三、油棕科研情况

泰国的油棕相关科研机构主要包括素吻他尼油棕研究中心（彩图9）、国家遗传工程与生物技术中心、国家科学与技术发展局、清迈大学、宋卡王子大学、素吻他尼皇家大学、曼谷农业大学、玛希隆大学、瓦莱岚大学等。其中，素吻他尼油棕研究中心位于泰国的油棕主产区，具备开展相关研究的优势条件，在油棕新品种选育、种子萌发、种苗繁育、栽培生理、病虫害防治等方面开展了相关研究，对泰国的油棕产业发展发挥了重要作用（彩图10）。

泰国国家遗传工程与生物技术中心（NCGEB）成立于1983年9月，隶属于泰国科学技术与能源部。主要职责是规划并资助全国各大学和科研单位开展遗传工程与生物技术的研究；促进全国各大学和科研单位之间的相互合作；通过已经建立的遗传工程与生物技术网，为学术机构和私人企业提供信息服务，并向公众普及实用的知识；鼓励科学家参与有关的国内、国际学术会议；促进有关实验室技术在产业上应用；积极组织科学家开展国际交流与合作。为加强生物技术某些专业领域，NCGEB在不同的大学资助了一批重点实验室。其中，植物遗传工程实验室设在泰国农业大学，微生物遗传工程实验室设在玛希隆大学，海洋生物技术实验室设在朱拉隆功大学，生物化学工程和中试研究与开发基地设在泰国国王科技大学，微生物服务中心设在泰国科学技术研究院。在油棕科研方面，NCGEB开展了油棕全基因组SNP位点分析，用于油棕相关分子标记研究；应用QTL方法发现了 *EgACCO1* 和 *EgmiR159a* 两个重要调控基因，为揭示油棕花序的性别比例提供了依据。

松克拉大学（Songkla University）自然资源学院油棕研发中心于1993年成立，2001年更名为油棕研发中心，由自然资源学院管理。该中心研究工作重点放在油棕生产、经济、市场营销等方面，向农业、学术界、农业推广官员提供与油棕有关的教学支持和学术服务，并与自然资源学院等机构开展合作研究。相关经费主要来自泰国研究基金、高等教育委员会、国家基因工程和生物技术中心、素叻他尼油棕研究中心等。

此外，宋卡王子大学与国家科学与技术发展局研究了油棕榨油厂的水利用及处理；宋卡王子大学工程学院研究了降低榨油厂温室气体排放技术改造；素叻他尼皇家大学分离出一种来自泰国南部的新型微生物，用于处理棕榈油榨油副产物的生物循环再利用；泰国塔亚武里皇家理工大学与日本京都工艺纤维大学合作，在油棕纳米纤维素方面开展了相关研究，比较了油棕废弃物、中果皮、空果串、种仁壳几个部分的纳米纤维素的性质，用于开发新的材料；曼谷农业大学和瓦莱岚大学与法国合作，分析了油棕果实成熟期细胞壁的转录组，为研究油棕等单子叶植物的果实成熟的分子机理提供了依据。

第四节 缅 甸

一、油棕种植情况

缅甸属于热带季风气候，大部分在北回归线以南，为热带；小部分在北回归线以北，处于亚热带。环绕缅甸东、北、西三面的群山和高原宛如一道道屏障，阻挡了冬季亚洲大陆寒冷空气的南下，而南部由于没有山脉的阻挡，来自印度洋的暖湿气流可畅通无阻。缅甸生态环境良好，自然灾害较少，全年气温变化不大，最冷月（1月）的平均气温为 20～25 ℃；最热月（4—5月）的平均气温为 25～30 ℃，雨量丰沛，适合油棕生长。

缅甸从 1922 年起开始试种油棕，1926 年出现了私人种植园，约有 113.2 hm²。当时，因缅甸人口还比较稀少，其国内油料作物的生产尚可满足国内需求，油棕的种植并不盛行。1960 年前后出现食用油紧张，地方政府在扩大油料作物生产的同时，开始考虑扩大油棕种植面积。2000 年国有企业有 7 644 hm² 种植园、私人企业有 10 377 hm² 种植园,小面积土地所有者零星种植的占 827 hm²。2003—2004 年,缅甸的油棕种植面积超过 4.4 万 hm²,其中 3.2 万 hm² 为私有企业,0.88 万 hm² 为国有企业,其他 0.32 万 hm² 为小农户经营。目前,缅甸至少有 20 家公司种植油棕,其中 2011—2016 年新种植油棕 2 万 hm²,油棕种植园管理良好。

缅甸的德林达依省、孟邦、克耶邦、伊洛瓦底省和克钦邦都适合种植油棕,种植面积可达 240 万 hm²。其中,德林达依省是缅甸发展棕榈油产业的重点区域,拥有 250 万 hm² 林地,该省内有 Myanmar Stark Prestige Plantation Co. Ltd.(MSPP)、Yuzana Oil Palm Co. Ltd.(Yuzana)、Goldensea Chemicals International Limited(GoldenSea)、ShweThanlin 等公司在投资油棕种植项目。其中,MSPP 公司投资项目是缅甸第一家油棕种植与初加工榨油厂为一体的项目,该项目是马来西亚与缅甸企业合资,已获得缅甸投资委员会的批文,在批文中明确 10 000 hm² 土地用以种植油棕,其余土地用以建初加工榨油厂。该合资协议中缅甸政府投资 5%,马来西亚公司投资 95%,项目期限为 30 年。据悉,MSPP 公司计划种植 16 880 hm² 油棕,项目投资达 3 600 万美元。

缅甸目前尚有大量未开发的土地,根据土地使用情况,缅甸政府制定了把更多的土地让给私有企业者来经营的政策,提高经营者的积极性。此外,缅甸具有较适合油棕生长的条件和棕榈油较好的市场需求,油棕产业在缅甸有较为广阔的发展前景。

二、棕榈油生产情况

缅甸主要以中小型棕榈油加工厂为主,远远满足不了未来发展的需要。为了满足国内需求,缅甸已在仰光建成了第一家棕榈油精炼厂 Yuzana。由私有企业 Yuzana 食用油集团筹建,日生产能力达 200 t。

随着人口的增长和对食用油需求量的增加，缅甸政府正在考虑种植产油多，且又有优势的油棕来解决国内市场的需求。2014 年缅甸的人口数量为 5 141.9 万，人均用油量约为 10 kg，年需求量为 51 万多 t，其全国食用油的生产总量仅能满足国内需求量的 1/3，其余 2/3 均需要从国外进口。每年要从国外进口约 20 万 t 油。根据缅甸劳工、移民与人口部发布的缅甸人口调查报告显示，预计2050 年人口将增加至 6 500 万。随着人口增长，食用油是一个亟待解决的问题，油棕的扩大种植在解决长期的食用油问题方面显得迫切而又重要。

三、油棕科研情况

缅甸农业部下属的多年生作物研发中心（PCRD）分别在毛淡棉和丹老群岛建有两个油棕研究中心（彩图 11、彩图 12）。其中毛淡棉油棕研究中心主要从事新品种选育、引种试种、种苗繁育、组织培养、栽培管理以及病虫害防治等相关研究。

此外，在油棕种植园的卫生防治方面，缅甸社区卫生大学和公共卫生部等相关机构开展了关于疟疾方面的研究。美国哥伦比亚大学的研究人员开展了缅甸油棕生产对生物多样性影响方面的研究。新加坡国立大学开展了关于缅甸农业快速扩张，油棕种植园影响本地红树林的相关研究。缅甸医学研究部研究了油棕种植园内个人使用杀虫剂处理苗床网的影响。

第五节　柬　埔　寨

一、油棕种植情况

柬埔寨经济以农业为主，工业基础薄弱，是世界上最不发达的国家之一。农业是柬埔寨经济第一大支柱产业。农业人口占总人口的 85%，占全国劳动力的 78%。可耕地面积为 630 万 hm²，有大量的土地可种植油棕。柬埔寨属热带季风气候，年平均气温29～30 ℃，5—10 月为雨季，11 月到翌年 4 月为旱季，较适合油棕生长。

1995 年柬埔寨开发蒙乐迪油棕园，目前油棕总面积已达到 6 206 hm²，总投资额大约 2 500 万美元，并为当地 3 000 多名劳工提供了就业机会。目前开发区里还建有学校、工人住所、医院，修通了对外的道路。按每公顷约 4 t 棕榈油的产量计算，棕榈油产量达 1.78 万 t。

目前，另有两家公司分别在贡不省和拉达那基里省拥有油棕种植园。其中 Virtus Green Plantations 公司在贡不省种植的油棕已开始收获，并出售果穗给蒙乐迪集团。截至 2014 年底，Virtus Green Plantations 公司种植油棕的面积为 800 hm²。在拉达那基里省油棕的种植面积约 1.8 万 hm²，是由越南 Hoang Anh Gia Lai（HAGL）公司投资种植，于 2015 年开始收获。

二、棕榈油生产情况

蒙乐迪集团（Mong Reththy Group，MRG）是柬埔寨最大的棕榈油出口公司，位于西哈努克省，该公司从 1995 年开始种植油棕树，当时的精炼厂产能为每小时 5 t。现在，随着油棕树种植规模逐步扩大，该公司将其精炼厂产能扩大到每小时 30 t。MRG 公司 2013 年粗炼棕榈油产量增加到 2.2 万 t。柬埔寨棕榈油 2016 年出口总额约 1 300 万美元，2017 年增至 2 000 万美元，棕榈油的出口量约 3 万 t。迄今为止，柬埔寨只有蒙乐迪集团出口棕榈油到国际市场，柬埔寨的棕榈油主要出口到马来西亚、中国、韩国、巴勒斯坦、印度及欧盟等地。

三、油棕科研情况

柬埔寨尚无专门的油棕科研机构，主管油棕生产的部门是国家农业、森林和渔业部（MAFF），主要涉及柬埔寨的油棕种植园投资、土地管理等，但官方信息十分匮乏，多数信息只能从当地非政府组织获得。

第六节　尼日利亚

一、油棕种植情况

尼日利亚位于非洲西部的几内亚湾西岸，是典型的热带雨林和热带草原气候。地处北纬 7°~13°，平均气温在 7~28 ℃，年降水量 2 200~2 800 mm。雨季为 4—9 月，阳光充足，土壤深厚且富含腐殖质，渗水性良好，适宜油棕生长。

尼日利亚油棕主要分布在南部，大多数为小农场的栽培模式，大部分油棕都与木薯、山药和玉米等粮食作物间作，但管理水平不高，产量低，生产的棕榈油不能满足本国的消费需求，每年需从东南亚大量进口。马来西亚和印度尼西亚的油棕企业已开始在尼日利亚投资油棕种植，目前还没有中国企业在尼日利亚发展油棕种植业。

油棕作为尼日利亚重要的经济作物，在该国的经济发展中起到了重要作用。20 世纪 60 年代初，尼日利亚的棕榈油产量曾占世界棕榈油总产量的 40% 以上，但目前已不足 5%。在 1996—2005 年，尼日利亚的油棕收获面积增长幅度较小，发展比较平稳。2005 年油棕收获面积为 332 万 hm²，占世界油棕总收获面积的 26.3%，比 1996 年增加了 12.5%（表 3-6）。

表 3-6　1996—2005 年尼日利亚油棕收获面积

单位：万 hm²

年份	1996	1997	1998	1999	2000	2001	2002	2003	2004	2005
面积	295	295	295	300	308	318	318	330	332	332

资料来源：油脂世界年鉴，1996—2005。

为了仿效马来西亚和印度尼西亚两国的成功经验，尼日利亚曾尝试大规模种植油棕，但以失败告终。比如，20 世纪 60 年代的"尼日尔河三角洲油棕项目"（Cross River State Project）和 20 世纪 90 年代欧盟资助的"油棕带乡村发展计划"。由于大规模种植油棕引起的诸如土地使用权问题、使用重型机械造成土壤板结、大量使用农药造成环境污染以及大规模的单一栽培破坏生态系统等一系列问题，导致这些项目都以失败告终。

目前，尼日利亚的油棕种植面积约 350 万 hm^2，位居世界第五位，主要分布在尼日尔河下游及三角洲一带。早期平均单产水平低，产量的增长大致可分为 4 个阶段，第一阶段是 1930—1950 年，鲜果串产量为 2.5～5.0 t/hm^2，折合棕榈油单产为 0.5～1.0 t/hm^2，仅相当于目前马来西亚的 10% 左右。第二阶段是 1960—1970 年，鲜果串产量增长到 5.0～10.0 t/hm^2，折合棕榈油产量为 1.0～2.0 t/hm^2。第三阶段是 1970—1980 年，鲜果串产量增长到 15.0～18.0 t/hm^2，折合棕榈油产量为 3.0～3.6 t/hm^2。目前处于第四阶段，即 1980 年后期到现在，鲜果串产量达到 20.0～25.0 t/hm^2，棕榈油产量为 4.0～5.0 t/hm^2。

二、棕榈油生产情况

尼日利亚的棕榈油产量在 20 世纪 60 年代初占世界棕榈油总产量的 40% 以上，居世界前列，为棕榈油主要出口国。近年来，国内需求量大幅提高，尼日利亚已经演变成为棕榈油的净进口国。尼日利亚棕榈油业自 2011—2015 年几乎处于停滞状态，4 年来产量始终处于 97 万 t 的水平，产量仅占全球总产量的 3%，据尼日利亚制造业协会数据，尼日利亚棕榈油的供需缺口在 70 万 t 左右，但另据尼日利亚全国棕榈油协会的数据，尼日利亚年产棕榈油 100 万 t，消费需求为 270 万 t，供需缺口实际高达 170 万 t。目前由于尼日利亚制造业购汇成本大幅提高，造成本国市场供需紧张，若中国企业投资尼日利亚棕榈油种植加工，依靠先进的制造业技术，将创造出可观的利润空间。

尼日利亚棕榈油产量的 80% 都来自分散的农户，大部分种植的是半野生油棕，栽培和管理水平较低、加工技术落后，导致油棕的产量和产油率都比较低。作为油棕生产国，种植条件适宜、产供销各个环节都有进一步扩大的空间。尼日利亚棕榈油的消费以居民食用消费为主，其他食品等工业领域尚未开发，国内市场需求有望进一步增长。1980—2009 年尼日利亚棕榈油产量情况见表 3-7。

表 3-7　1980—2009 年尼日利亚棕榈油产量

单位：万 t

年份	1980	1990	2000	2009
产量	43.3	58.0	74.0	87.0

资料来源：油脂世界年鉴，1980、1990、2000 和 2009。

因为没有自己的加工机械，棕榈油加工业基本上是通过压榨法生产，炼油厂很少，大多以粗榨棕榈油出售，棕榈仁油也以粗榨油形式出口到欧洲。在国内，除制皂业需要少量棕榈油外，国内的精炼食用油需求量很小。因此，尼日利亚棕榈油业的发展在很大程度上取决于国内政府支持以及外商的投资。

三、油棕科研情况

尼日利亚油棕研究所（NIFOR）成立于 1939 年，位于贝宁城，是尼日利亚国家级农业研究机构，主要从事油棕种质资源收集保存、新品种改良、种植技术和产品加工等相关研究（彩图 13）。NIFOR 油棕种质资源圃占地面积约 50 hm^2，含厚壳种、薄壳种和无壳种的非洲油棕以及美洲油棕等种质。制种园有厚壳种母本约 1 000 株，无壳种父本约 100 株，每年可生产杂交种 100 万粒（彩图 14）。NIFOR 的油棕组培技术较成熟，目前组培苗已开花结果，一致性较好，且未见不良变异。此外，NIFOR 还针对小种植园研制小型榨油设备，每小时可处理鲜果串 1.5 t。

此外，尼日利亚联邦科技大学、联邦农业大学等机构还对油棕园的杂草防控技术、榨油厂的生产力和技术效率、不同储存容器对棕榈油物理化学特性的影响，以及传统棕榈油加工程序中，加入榕树叶对棕榈油质量及其稳定性能的影响等方面进行了研究。

尽管尼日利亚种植油棕的历史悠久，但该国在农业、科研和加工等部门投入的资金不足，政府也没有给予强有力的政策支持。因此，尼日利亚大多是自发性发展油棕园，除在油棕种质资源的收集方面有些进展，其他方面的科研进展很少。

第七节　科特迪瓦

一、油棕种植情况

科特迪瓦属热带气候，年平均气温达 25 ℃以上，其中，北纬 7°以南地区为热带雨林气候，北纬 7°以北为热带草原气候。沿海和南部地区气候炎热、潮湿、雨量充沛。在季风的影响下，年平均降水量为 1 425 mm，属于降水充沛的区域，植被多样茂盛，非常有利于油棕的种植。

全国可耕地面积为 2 419 万 hm²，目前已经开发利用的耕地面积大约为 950 万 hm²，还有近 61％的可耕地未得到开垦利用，可用于发展油棕种植业的潜力巨大。据统计，1989 年科特迪瓦油棕园面积约 14.6 万 hm²，其中 45％为大棕园，53％为乡村小棕园，2％为私有公司。

为更好地满足日益增长的国内市场需求，科特迪瓦政府将着手实施"棕榈产业发展第三期计划"。根据该计划，2020 年，科特迪瓦棕榈油年产量为 60 万 t。为解决农村地区的贫困问题，推进农民开展多样化种植，充分挖掘相关地区潜力，打造科特迪瓦经济发展新的增长点，科特迪瓦政府拟在全国范围内进一步推广油棕种植，计划在 10 年内新增种植面积约 20 万 hm²。其中，4.15 万 hm² 为老树更新，4.35 万 hm² 为传统种植区内新增面积，11.5 万 hm² 为新开辟种植区。科特迪瓦传统油棕种植区域多集中于国家南部地区，科特迪瓦政府计划在中部、中西部、西部和东部地区进行全面推广。

2015 年，科特迪瓦有油棕种植面积 25 万 hm²，其中 29％为工业种植园，71％为农民散户种植。年产油棕果 180 万 t，是继尼日利亚后非洲第二大油棕生产国。现有各类油棕从业人员 200 万人，固定从业者 20 万人，年营业额达 5 000 亿西非法郎（约合 10 亿美元）。科特迪瓦政府曾于 1962—1983 年推出"棕榈产业发展第一期计划"，开辟棕榈种植区 8 万 hm²；第二期计划于 1985—1990 年实施，开辟棕榈种植区 7 万 hm²。

二、棕榈油生产情况

科特迪瓦的油棕生产效率较低，年产油量仅为 1.8 t/hm² 左右，1980—2012 年科特迪瓦棕榈油产量见表 3 - 8。科特迪瓦是世界上棕榈油主要生产国和出口国之一，该国在中部、西部和北部地区积极推行农业多样化政策如制定了"棕榈油计划"，成立专门的公司如棕榈发展公司。这些发展公司的任务就是执行国家的开发计划和实现政府的农业发展目标，专业发展公司不仅拥有大面积的农田和大量农产品加工设备，而且重视改进农业耕作技术，推广优良品种和提高农作物的产量，并且也从种子、肥料、农药和技术方面帮助个体农户。在科特迪瓦，这些专业发展公司已为推动农业生产发展发挥出重要的作用，使得油棕的产量得已增加和种植面积迅速扩大。

表 3 - 8　1980—2012 年科特迪瓦棕榈油产量

单位：万 t

年份	1980	1990	2000	2012
产量	18.2	27.0	29.0	41.0

数据来源：油脂世界年鉴，2012。

三、油棕科研情况

科特迪瓦是非洲国家中最重视农业科研与教育的国家之一，兴办了大量农业科研机构，包括热带林业研究中心、油料研究所等。另外，全国农艺高等学校农业学院、科特迪瓦国立大学、科学院生物化学部等机构，都开展了油棕相关研究。在研究方向上，主要倾向于油棕种植和栽培研究。与印度尼西亚和马来西亚不同，科特迪瓦在油棕林中间作混种其他作物，这种栽培方式称作早期混农林业。

科特迪瓦国家农业研究中心（CNAR）的作物保护实验室对危害椰子和油棕的甲虫信息素进行了相关研究，开发了相关的甲虫信息素，用于油棕种植园的虫害防控；组培项目组将低温保存的体胚材料移到大田种植，通过优化相关技术流程降低了变异率，该项目组还研究了油棕体胚在不含植物激素的培养基中连续保存 20 年后再诱导成苗的各项生理情况，为油棕组培种质的长期保存提供了依据。

油棕枯萎病是由尖孢镰刀菌引起的，在非洲尤为普遍，在科特迪瓦主要存在于迪沃（Divo）、达布（Dabou）、安哥得都（Anguédédou）、拉莫（La Mé）、伊罗卡（Eloka）、艾哈尼亚（Ehania）等地区。通过对科特迪瓦西南部的一些油棕种植园进行调查，发现萨桑德拉（Sassandra）和大贝雷比（Grand Bereby）的种植园中均出现了镰刀菌，在油棕种植项目中应该考虑这种潜在风险。

科特迪瓦在油棕种植中施用了 10 种不同类型的化肥，其中氯化钾的使用量最大，占 80% 左右；但是，由于成本高、缺乏推广和农村人口购买力低等原因，实际上并没有太多人使用化肥。

在营养与健康方面。阿比让大学（Umoversite de cocody Abidjan）大学医学院的相关科技人员研究了由科特迪瓦国家农业研究中心提供的 4 个油棕品种对改善人缺乏维生素 E 的相关效果的研究。位于科特迪瓦的瑞士科学研究中心、Université Félix Houphouët‑Boigny、Nangui Abrogoua University 与瑞士热带和公共健康研究所、巴塞尔大学等科研机构联合研究了科特迪瓦南部油棕种植园的虫媒病毒情况，为防控种植园周边的人患疾病提供了依据。

第八节　刚果（金）

一、油棕种植情况

刚果（金）大部分地区位于北纬 4° 到南纬 4° 之间，属赤道气候区，全年气温在 21.1 ℃ 以上，平均温度是 27.8 ℃，湿热多雨。以全境来说，全年分干、雨两季；每年 11 月到翌年 5 月是雨季，气候湿热；6—10 月是干季，气候温和。刚果（金）雨季阳光充足，晴天光照度在 3 万～9 万 lx 范围内，中午可达 11 万 lx 以上，阴天也可达 2 万～3 万 lx。气温一般在 22～35 ℃ 范围内；5～20 cm 土壤温度 24～38 ℃。热量丰富。特别是北部非常适合油棕的生长。全国可耕地约 1.2 亿 hm²，约占国土面积的 50%。已耕地近 600 万 hm²。2008 年，农业占国内生产总值的 40.2%。个体农民是农业生产的主体，多采用游耕制。

刚果（金）是油棕树起源地之一，但除了在殖民时期法国人曾开展的油棕大规模商业种植，至今仍然保留的部分老油棕树外。目前油棕仅作为园林树木或家庭副业在房前屋后种植，种植规模小且分散，除了因收获等需要割叶、收果外，几乎没有其他抚管措施，多数呈野生、半野生状态。多数树体雄花序较多、果串较少，究其原因可能是品种落后、树龄老化、疏于管护等。

目前分布在刚果（金）的油棕品种主要有厚壳种和薄壳种，即除早期商业栽培的油棕为薄壳种外，其余各地的都可归为本地厚壳种，主要分布在南部和中部地区。

二、棕榈油生产情况

油棕作为刚果（金）的主要经济作物，其棕榈油是该国人民重要的食用油来源。在棕榈油加工方面，当地居民大多采用传统的加工方式进行粗加工。成熟油棕果首先经过蒸煮后放在较大的容器中，一般是通过反复踩踏等方式将种子和果肉纤维分离，要得到粗棕榈油还需经过简单的沉淀和过滤，然后当地的习惯做法是在集市上散装售卖，购买者自带容器或由商家分装到瓶中（彩图 15），价格约为 2 美元/L。此外，当地人还将成熟的油棕果与其他食材混在一起烹煮或者直接食用。FAO 统计数据显示，2013 年刚果（金）的棕榈油产量为 18.7 万 t，产值约 8 千万美元。2005—2009 年刚果金油棕的出口量见表 3-9。

表 3-9　2005—2009 年刚果（金）棕榈油的出口量

单位：t

年份	2005	2006	2007	2008	2009
出口量	17 531	13 024	6 016	7 176	3 937

数据来源：联合国粮食及农业组织。

中国企业中兴能源公司于 2007 年在当地注册成立，该公司目前正在刚果（金）积极探索并组织实施农业商业性开发项目。开发内容主要集中在棕榈油综合开发和粮食开发两个方面。目前，中兴能源公司已经在刚果（金）全面启动棕榈油开发项目，并把棕榈油开发作为公司的战略项目。该公司已与刚果（金）农业部按照合作协议成立了联合办公室，完成了项目的可行性分析报告。该公司在赤道省省府姆班达卡市设立了办事处，有员工常驻。

中兴能源公司已经确定在刚果（金）赤道省全面启动棕榈油综合开发项目。在考察期间，调研组赴赤道省姆班达卡市，对该项目进行了实地调研。据介绍，该公司已获得 200 hm² 土地的经营权，拟用于建设油棕苗圃。公司的近期目标是开发 10 万 hm²，中期目标是开发 100 万 hm²，长期目标是开发 300 万 hm²。当地农民非常欢迎中兴能源公司的棕榈油综合开发项目，希望中国人能帮助他们修公路、建医院，进而改变他们的生活方式和未来命运。

在粮食开发方面，该公司目前已经确定了 2 个项目。一是 331 hm² 玉米示范田项目。该项目示范田距金沙萨市区 80 km，公司已获得土地经营权，并已开荒 60 hm²，种植 10 多个玉米试验品种。二是下刚果省 2.5 万 hm² 农业综合开发项目。公司拟利用当地的土地资源种植玉米和木薯，通过综合开发获得现金流，用于保证棕榈油综合开发项目的运转。

刚果（金）政府 2012 年和 BioCongo 公司签订一项协议。根据这一协议，刚果（金）北方的盆地省和西盆地省将建设一个棕榈油加工厂，主要生产棕榈油和由棕榈油转化而成的生物燃料。据了解，刚果（金）政府将为该厂提供 6 万 hm² 土地，并允许 BioCongo 公司开发及出口棕榈油和生物燃料。该项目为期 5 年，一期投入达 1.5 亿欧元，所需人力达 2.2 万人，其中包括农业技术员、生物学家、土木工程师等专业技术人员。由于所需技术人才较多，BioCongo 公司希望和恩古瓦比大学合作，在该校建设提高产量和品种优化研究中心，同时为部分可能进入该公司工作的大学生提供相关培训。

三、油棕科研情况

刚果（金）全国农业高等院校较少，仅恩古瓦比大学等机构从事油棕的研究。另有 Yangambi 油棕研究试验站有一定的知名度，但近年来未见相关报道。

第九节　喀　麦　隆

一、油棕种植情况

喀麦隆共和国位于非洲中西部，属热带气候，南部温度不超过 25 ℃，气候湿热；北部通常在 25～34 ℃，气温高且干燥，全国年平均温度为 24 ℃。每年 3—10 月为雨季，10 月到翌年 3 月为旱季。降水量由北向南渐增，年平均降水量在 2 000 mm 以上。喀麦隆火山山麓全年降水量高达 1 万 mm，是世界降水量最多的地区之一。森林是喀麦隆一项极为重要的自然资源，全国森林面积达 2 200 万 hm²，约占国土面积的 47%，其中 80% 可供开采；喀麦隆水力资源十分丰富，占世界水力资源总量的 3%。喀麦隆具有的土质、气候、地形等特点，适宜油棕等多种农作物的生长。

喀麦隆的棕榈油生产主要由外国企业控制的现代化种植园和当地的传统种植园组成，其中从事现代化棕榈油生产的企业主要有法国 Bolloré 集团控股的 Socapalm 公司、喀麦隆发展公司 CDC（Cameroon Development Corporation）和瑞士 Ferm Suisse 公司，其总种植面积约 6.08 万 hm²，棕榈油产量约 43.45 万 t。传统种植园总种植面积约 4.3 万 hm²，产量约 2 万 t，具体如表 3-10 所示。

表 3-10　喀麦隆油棕产业发展情况

种植户	种植面积（万 hm²）	棕榈油总产量（万 t）	棕榈油单产量（t/hm²）	种植户人数
小型种植户	3.09	18.54	6.0	—
农村小型加工与种植户	1.21	4.95	—	4 300 户
现代化种植企业	6.08	43.45	7.8	5 家企业

资料来源："喀麦隆油棕榈业竞争力与生产力改善项目倡议"油棕概况报告。

二、棕榈油生产情况

喀麦隆棕榈公司、喀麦隆非洲林业与农业公司是喀麦隆油棕产业界的"姐妹公司"。喀麦隆棕榈公司是喀麦隆最大的棕榈油生产企业，旗下种植园面积共 78 529 hm²，分布在姆邦戈（Mbongo）、姆班布（Mbambou）、迪邦巴里（Dibombari）、埃代阿（Edea）、柯安克（Kienke）、埃塞卡（Eseka）等地，其中 32 500 hm² 由公司直接开发，18 265 hm² 由公司通过种植户间接开发。

该公司现有 3 200 名雇员、2 338 名分包种植者（他们共雇用农业工人 3 000 人），共有近 3 万人依靠该公司谋生。该公司诞生于喀麦隆政府 1963 年在世界银行资助下启动的 1 个项目，2000 年完成私有化改制，成为卢森堡金融股份有限公司（SOCFINAL）的子公司，法国波洛雷集团持有 SOCFINAL 公司 40％的股份。

据介绍，喀麦隆油棕一年两熟，其中 12 月至次年 5 月产量较高，6—11 月产量较低，2004—2010 年棕榈油产量见表 3 - 11。根据喀麦隆商务部提供的数据，2011 年 5 月，排名前三的棕榈油公司产量分别为 SOCAPALM 公司 7 158 t、PAMOL（Nigeria）Linited 公司 1 581 t 和 CDC 公司 1 450 t，而 9 月份，3 家公司的棕榈油产量则分别降至 2 024 t、416 t 以及 400 t。

表 3 - 11　喀麦隆 2004—2010 年棕榈油产量一览

单位：万 t

年份	2004	2005	2006	2007	2008	2009	2010
农产品企业	12.0	12.8	12.8	13.1	13.1	13.5	14
个体生产者	5.0	5.2	5.5	6.0	6.5	6.8	7.0
总产量	17.0	18.0	18.3	19.1	19.6	20.3	21.0

数据来源：商务部网站《喀麦隆农村棕榈园发展规划》。

2014 年，喀麦隆油棕业年营业额为 1 900 亿非郎，为喀麦隆提供了上千个就业岗位。据联合国粮食及农业组织 2012 年统计，喀麦隆为非洲第三大、世界第十大棕榈油生产国，另外两个非洲

国家尼日利亚和科特迪瓦的棕榈油年均产量分别为 94 万 t 和
41.7 万 t。不过，非洲棕榈油产量呈直线下降和被边缘化趋势。
1961 年，非洲棕榈油产量占世界总产量的 76%，目前这一比重
却降至 5%。和其他非洲国家类似，喀麦隆的油棕产业也面临着
诸如难以获得土地和原材料、机械化程度低、收益低、技术转让
率低、能源成本过高等问题。为此，2010 年，喀麦隆政府与联
合国工业发展组织共同启动了一项为期四年的"油棕业竞争力与
生产力改善项目倡议"（APROCOM-PH），旨在进一步促进喀
麦隆油棕产业的发展。

为满足喀麦隆国内市场炼油、生产肥皂、家庭使用等需求，
2014 年喀麦隆共计进口了棕榈油约 10 万 t，2015 年喀麦隆进口棕
榈油 6 万 t。据报道，为减少喀麦隆棕榈油的进口成本，棕榈油进
口商已向喀麦隆政府提出申请，希望能获得 5% 的关税优惠并免除
增值税。

2015 年，据喀麦隆农业部长 EssimiMenye 称，作为非洲地区
第三大棕榈油生产国，喀麦隆计划 2015—2018 年开始使用高产种
子，帮助将棕榈油产量提高 26%。喀麦隆将使用新型种子再种植 3
万 hm² 耕地，计划将棕榈油产量每年从 23 万 t 提高到 29 万 t。喀
麦隆希望每年新增 1 万 hm² 油棕耕地。新型种子将由农业研究及
发展所研发，免费发给农户。目前喀麦隆种植约 16 万 hm² 油棕
树。另据喀麦隆商务部公布的数据，喀麦隆国内市场棕榈油产品仍
处于供不应求的局面，每升棕榈油价格从原来 550 非郎涨至 900 非
郎。但是，随着喀麦隆政府积极推广油棕种植等一系列措施的出
台，这一局面将有望得到缓解。

三、油棕科研情况

喀麦隆农业研究所下属的油棕研究中心与油棕的科学研究相
关。由于喀麦隆自身国家发展水平较低，油棕科研还处于初级水
平，主要集中在种植与栽培方向。技术指导由国际机构负责引导和
组织，包括世界自然基金会（World Wildite Fund，WWF）和国

际林业研究中心 Center for International Forestry Research（CIFOR）等，技术及科研指导的提供方以马来西亚为主。其中一项包含723 份非洲油棕种质遗传多样性的研究由马来西亚国立大学（Universiti Kebangsaan Malaysia）主导完成，聚类分析结果表明，喀麦隆的种质与刚果、坦桑尼亚、尼日利亚等国的种质属于同一类群。

喀麦隆棕榈油研究中心（CEREPAH）对油棕果中果皮的脂肪酶进行了相关研究，给出了脂肪酶最佳活性条件和抑制因子，为调控棕榈油组分提供了依据。

喀麦隆国际热带农业研究所对油棕种植园土壤中的昆虫病原线虫进行了相关研究，并提出了相应的防控措施。

在油棕产物评价方面，喀麦隆雅温得妇产科儿科医院对棕榈仁油的护肤机理进行了研究，对其是否具有明显的效果进行了探讨，为开发相关产品提供了科学依据。

第十节　加　　纳

一、油棕种植情况

加纳是非洲西部的一个国家，沿海平原和西南部阿桑蒂高原属热带雨林气候，白沃尔特河谷和北部高原地区属热带草原气候。4—9 月为雨季，11 月至翌年 4 月为旱季。各地降水量差别很大，西南部平均年降水量 2 180 mm，北部地区为 1 000 mm，加纳属热带气候，气温一般在 21～32 ℃。油棕是其重要的经济作物之一。目前加纳油棕的种植面积约 5 万 hm²，其中较大的包括 Wilmar 集团旗下的 Benso 种植园等（彩图 16）。

二、棕榈油生产情况

1975 年加纳政府组建加纳油棕发展公司，1995 年对其进行私有化改造，与一家在加纳注册的比利时企业成立合资公司。该公司是加纳最主要的油棕生产商，主要从事油棕的种植和棕榈油加工。

加纳 2014 年从东南亚进口棕榈油近 25 万 t，价值超过 1.75 亿美元。加纳国内棕榈油产量仅 13.5 万 t，而需求则超过 37 万 t，主要来自沃尔玛、联合利华集团、雀巢公司等制造企业。加纳本地产的棕榈油有 80% 是由小作坊生产（彩图 17），湿度高且含大量游离脂肪酸，容易变质不宜保存，无法用于工业生产。加纳棕榈油发展协会主席呼吁政府加强油棕产业发展规划和政策支持，借鉴由可可局主导可可业发展的模式，建立类似的"棕榈发展局"，以促进油棕行业发展。

三、油棕科研情况

加纳科学与工业研究理事会（CSIR）是加纳国家级科研机构，负责各领域的科学研究与产业发展，下辖 13 个研究所，加纳油棕研究所（OPRI）（彩图 18）是其中之一。OPRI - CSIR 从事油棕相关的科研活动较多，具体研究方向多集中在种植园建设、新品种选育、栽培措施、植物保护和棕榈油加工等方面。该所从不同国家和地区收集了丰富的种质资源，为遗传育种提供了一个独特和多样化的遗传基础。育种方面，通过配置杂交组合，培育耐旱和具有枯萎病抗性的高产油棕品种，期望其能够在中等土壤缺水条件下达到理想的自然结果状态。

在移栽时期方面，在加纳半落叶林区进行了为期 10 年的定植试验，研究了定植时期对油棕生长和产量的影响。分别把 12 个月大的油棕幼苗在 5 月（雨季初期）、7 月（雨季中期）、9 月（雨季末期）和 11 月（旱季早期）移植到田间，结果表明，油棕的生长和产量在很大程度上取决于生长环境的物理和气候特征，7 月移栽效果最好。

在种植密度方面，研究了不同密度（每公顷种植 116、129、148、173 株）对油棕生长发育和产量的影响。结果显示，种植 10 年以后，每公顷种植 173 株的高密度地块开始显著减产。在加纳半落叶林区，推荐使用每公顷种植 148 株的种植密度。

在种植模式方面，加纳以农民主导的小规模种植园为主，他们通常将油棕与粮食作物（玉米、木薯、大蕉）间作。以一块有 3 年粮食作物间作历史的四年生油棕园为研究对象，进行了长达 10 年的油棕产量观测。发现与无间作的油棕园相比，间作地块的营养和产量数据无显著差异。油棕与玉米、木薯、大蕉等短期作物间作，对油棕的生长发育和产量无不良影响。

在土壤施肥方面，以加纳半落叶林地区的八年生成龄油棕树为对象，研究了 4 种不同磷肥使用方式的经济适宜性。实验对照为 OPRI 推荐的施肥方式（每年每公顷：222 kg AS＋222 kg TSP＋296 kg MOP）。通过比较磷酸钙和磷矿的成本效益分析，发现在成龄油棕园使用磷矿是经济合理的。

在产业可持续发展评估方面，选择加纳阿散蒂（Ashanti）地区等非法采矿活动占主导地位的相对贫穷地区，评估了现有油棕种植园的生产状况。研究显示，在所有选定的种植园中，dura、tenera、pisefera 种植材料相互混合，表明种植材料不是从政府认证的正规渠道购买的；种植模式混乱、未修剪或过度修剪、密度过大导致园区关闭等问题严重，表明栽培技术推广不力、农民管理水平不高；此外，土壤肥力较低、缺水状况严重等问题普遍存在。

第十一节　塞拉利昂

一、油棕种植情况

塞拉利昂位于非洲西部，地处北纬 6°～10°之间，西部及西南部濒临大西洋，属热带季风气候，雨、旱季分明，且降雨多发生在夜间，白天光照充足，年日照在 300 d 以上。年平均气温约 27 ℃。年降水量 2 766.7 mm。北部省以酸性红壤为主，砂砾较多；南方省以黑色火烧土为主，土壤质地疏松，富含腐殖质，非常适于油棕的生长。

塞拉利昂是油棕的原产地，呈野生、半野生状态的油棕树遍布塞拉利昂各地，但除了因收获等需要割叶、收果外，几乎没有其他抚管措施。大部分树体雄花序较多、果串很少，可能是品种落后、树龄老化、疏于管护等。

塞拉利昂也有部分的商业种植园，其中规模较大的商业种植园包括 Daru 3 000 hm²、Matru 1 500 hm²、Bo 600 hm²、Kambia 200 hm²。荷兰 SOCFIN 公司在普杰洪区新建油棕种植园（彩图19）约 13 000 hm²，均为 1～2 年生苗。此外，一些印度及葡萄牙公司计划近几年在塞拉利昂普杰洪区、洛科港区、凯内马区等地发展总面积达 13 万 hm² 的商业种植园，其中部分项目已经启动。在抚管措施较好的商业种植园中，油棕树体生长健壮，整体结果状况良好。

二、棕榈油生产情况

塞拉利昂的棕榈油除自用外，约 50% 出口到西非的其他国家如几内亚、利比里亚、科特迪瓦、马里等，但棕榈仁油的加工却不普遍，目前只有 2 个小规模的加工厂，大部分棕榈仁都被丢弃。2015 年，塞拉利昂棕榈油产量 89.7 万 t，同比增长 38.6%。有的年份油棕产量占全世界总产量的 10%。

在棕榈油加工方面，由于塞拉利昂的油棕分布较为分散且产量较低，当地居民大多采用传统的加工方式进行粗加工。人们将收集到的成熟油棕果蒸煮后放在较大的容器中，通过反复踩踏的方式分离出种子和果肉纤维，再经过简单的沉淀和过滤即可得到红棕色的粗棕榈油。此外，部分油棕果未经任何加工处理，直接作为食物进入贸易市场，当地人将其与其他食材混在一起烹煮或者直接食用。

塞拉利昂棕榈油榨油厂较少，且规模较小。据了解，目前仅Gold Tree 公司在达鲁投资 1 600 万美元建有榨油厂，Nedoil 公司在伊莱投资 150 万美元建立有加工能力为 3 t/h 的小型榨油厂（彩图 20）。

该小型榨油厂主要由锅炉、蒸箱、分离设备、压榨设备、提纯设备和储油罐组成。基本压榨流程如下：锅炉以压榨后的棕榈果残渣为燃料产生蒸汽，为整个生产提供加热来源；首先将采收的鲜果串放入蒸箱加热 8～12 h 后分离出油棕果，然后转入压榨设备进行压榨；压榨后的油水混合物流入提纯设备，通过蒸汽加热将油中剩余的水分蒸发掉，最后经过静置分层过滤，即可得到粗棕榈油（CPO）。小型榨油厂的加工产品一般只有粗棕榈油以及油饼等副产物，粗棕榈油再销往大型炼油厂进行进一步精炼加工。

三、油棕科研情况

塞拉利昂农林与粮食安全部负责管理本国的油棕种植、产业发展相关事务；塞拉利昂肥料利用与发展培训中心是一个综合性的农业机构，主要负责农业相关的施肥技术、育苗技术、病虫害管理等事项的培训和组织。其他相关科研单位还包括塞拉利昂农业研究所（SLARI）、恩加拉大学（Njala University）等。

限于塞拉利昂本国的发展水平，油棕科研尚处于起步阶段，部分研究与国外合作完成。其中一项由马来西亚主导的非洲油棕种质资源分类研究工作涉及了塞拉利昂，这个项目收集了 723 份非洲油棕，项目组对其遗传多样性进行了分析分类，结果表明，来自塞拉利昂的油棕种质与塞内加尔的种质属于同一类群。塞拉利昂是非洲最重要的油棕种植国家之一，耐旱等遗传资源丰富。

第十二节　加　　蓬

一、油棕种植情况

加蓬北部因赤道横贯，属热带雨林气候，全年温差不大，平均温度约 26 ℃。全年分为四季：2 月中旬到 5 月中旬为大雨季，5 月中旬到 9 月中旬为大旱季，9 月中旬到 12 月中旬为小雨季，12 月中旬到次年 2 月中旬为小旱季。年降水量 1 500～3 000 mm。南部属热带草原气候，分干湿两季，更替时间上恰好与北半球热带草原气候相反。油棕是其主要作物之一。

新加坡 Olam 集团 2010 年与加蓬签署了 1 份价值高达 2.36 亿美元的合同，用于开发 5 万 hm² 的油棕种植园。2013 年 12 月，新建棕榈油榨油厂，初期加工能力 45 t/h，每月运营 25 d，棕榈油产品主要销往喀麦隆、刚果共和国、赤道几内亚、中非共和国、乍得等周边国家。2016 年 4 月以来，Olam 集团已在加蓬种植了36 254 hm² 油棕，其最终的目标是开发 30 万 hm² 油棕种植园，成为非洲最大的棕榈油生产商，并在其整个供应链中遵守可持续棕榈油圆桌会议（RSPO）认可的多个国际标准。大约 5 000 人受雇于Olam 种植园。

二、棕榈油生产情况

加蓬农业发展公司是该国最重要的油棕种植和加工公司。该公司成立于 1976 年，资本 28 亿非洲法郎，约 460 万美元，加蓬政府占 96% 的股份。该企业主要加工棕榈油，拥有 7 500 hm² 油棕园，分布在宾度（Bindo）、恩古涅（Ngounie）、佛拉（Foula）、奥果韦（Ogooue）及济莱（Zile）地区；1 家棕榈油加工厂，生产红色棕榈油；1 家肥皂厂，可年产 4 500 t 家庭用肥皂。由于管理不善，缺乏资金投入，机器设备日益陈旧，棕榈油产量从 1998 年的 66 000 t下降至 2000 年的 41 000 t；肥皂产量也从 2 300 t 降至 1 900 t，企业处于严重的亏损状态。

从 1996 年起，加蓬政府就有意将该企业私有化，但因企业亏损和负债严重，一直没有人敢涉足。考虑到该企业对加蓬经济的重要性和企业的实际情况，加蓬政府决定再投入一笔资金，先进行企业资产重组，待企业财务状况好转后再进行私有化。2001 年 7 月，加蓬政府与 1 家马来西亚企业加蓬工业公司签订了为期 3 年的委托管理协议，并拨款 2 000 万美元，用于偿还债务、设备更新以及扩大种植面积至 12 000 hm²，其间由该马来西亚企业全权经营管理。

三、油棕科研情况

目前科研以加蓬油棕可持续发展协会为主，但尚无相关油棕研究结果报道。早期项目及技术支持主要来源于马来西亚相关棕榈油生产公司，目前加蓬农林与食品安全部主要与新加坡 Olam 集团合作，从该公司获得发展油棕的科技支撑。

从该国总统官方网站可以获悉，该国目标是成为非洲棕榈油生产第一大国。在这个目标下，加蓬的油棕科研水平有望得到大幅度提升，并产生较多科研成果。

从 19 世纪末开始，欧洲人在非洲西部和中西部建立了一些实验性质的油棕种植园，但这些投资都没有成功。导致失败的原因之一是这些地区的天然树林中已经有了足够多的油棕树来满足当地农民的消费需求。直到 1956 年，联合利华集团子公司 Palmhevea 公司才在兰巴雷内（Lambarene）上游建立油棕种植园才有所好转。

加蓬的油棕规模化种植正在迅速扩大，这有利于推动经济增长，但也威胁到森林和生物多样性。根据对种植许可趋势分析，评估了加蓬适宜油棕种植的土地范围和位置。发现大约120 万～170 万 hm² 土地可用于种植油棕，并且可同时避开强调森林保护、减缓气候变化的高碳储量（HCS）、注重保护生物多样性和生态系统的高保护价值（HCV）等地区。该研究提高了对加蓬油棕适宜性的理解，并为加蓬土地利用规划提供了重要信息。

第十三节　刚　果（布）

一、油棕种植情况

刚果（布）位于非洲中西部，地处东经 11°～19°，南纬 5°至北纬 4°之间，赤道横贯中部。属赤道性气候，其中南部属热带草原气候，北部、中部和西南部为热带雨林气候，气温高，湿度大。年平均气温在 18～30 ℃，最高气温近 40 ℃，最低气温 10 ℃，大部分地区年平均降水量为 1 000～1 600 mm，西部有些地区多达 2 000 mm 以上。每年有 2 个雨季和 2 个旱季：1 月中旬至 5 月中旬为大雨季，5 月中旬至 9 月下旬为大旱季；10 月初至 12 月中旬为小雨季，12 月中旬至翌年 1 月中旬为小旱季，适合油棕的生长。刚果（布）全国可耕地面积达 1 000 万 hm²，其中已耕种面积为 20 万 hm²，仅占 2%，且农业以个体生产为主，个体农户耕种的土地占已耕地面积的 68%，从而造成大量富余的土地资源被闲置，但也为规模化油棕种植生产创造了条件。

油棕是刚果（布）特别是农村食用油的主要或唯一来源，是当地传统的经济作物，具有良好的种植基础。同时刚果（布）是油棕树起源地之一，特别是北部非常适合油棕的生长。但除了在殖民时期法国人曾开展的油棕大规模商业种植，至今仍然保留的部分老油棕园外，商业种植园很少，成片的油棕园仅有 140 hm^2，同时管理十分粗放；其余的油棕仅作为园林树木或家庭副业在房前屋后种植，油棕品种多为无选择的实生苗，种植规模小且分散，除了因收获等需要割叶、收果外，几乎没有其他抚管措施，基本上处于自生自灭状态。

据调查，刚果（布）的油棕主要分布在南部和中部地区（奥旺多及其南部）。薄壳种为外来品种，主要分布在北部地区（奥旺多以北地区如马夸、埃通比、利韦索、韦索等），这可能与法国殖民时期进行引种商业栽培有关。据调查，埃通比地区有一个油棕园面积 1.5 万 hm^2，树龄超过 50 年，茎干高达 10 m 以上，冠幅小，行间灌木、杂草丛生，很少结果，已经完全成为森林中的一个树种。据了解这些种植园均为法国人种植，即法国 CFHBC 公司于殖民时期的 1958 年开始种植。1965—1989 年，刚果（布）独立后由国内组建的油棕公司接管经营，但因技术、资金等原因，导致其无法继续进行商业生产。1989—1997 年，由国际油棕合作公司 APVOIL 接手经营，1997 年因内战爆发等原因而停产。1999 年起，因毛棕榈油加工厂停产废弃，油棕园管理荒废，目前处于自然生长状态，任由村民采摘。据对刚果（布）中部和南部多处的采样调查，在刚果（布）中部、南部的油棕品种均为厚壳种，而且从植株形态、果实形状等判断，多数零星种植的油棕品种是当地的野生种。

传统种植方式一般在自家的房前屋后或在村子附近种植若干株油棕树，在房前屋后的，因卫生需要，通常把树下打扫得十分干净，除了因行走或收获等原因割去叶片和及时采收果实外，未见有其他抚管措施。果实采收也比较特别：对于较高的油棕树，他们通常是在油棕树旁斜放一根竹竿，竹竿上保留节疤，人在竹竿下方沿着竹竿往上爬，一户家庭通常每 2 个月左右就需要采果一次。

刚果（布）早期商业种植的油棕园中有一些还保留比较完整，但已经失管多年而荒废，且少量结果。目前，刚果（布）NG 公司有 2 个不同树龄的油棕园，油棕园位于欧尤市的莫波波地区，种植在欧尤至奥旺多的主道两边，距离欧尤市区约 20 km，其中成龄油棕园面积 140 hm^2，幼龄油棕园 20 hm^2，成龄棕园是在 2000 年 4 月开始育苗，2001 年 4 月种植的（即育苗 12 个月后种植），种植材料是经过杂交选育的新品种的发芽种子。

二、棕榈油生产情况

刚果（布）以生产毛棕榈油为主，主要在刚果（布）国内销售，少部分出口到周边国家如加蓬、刚果（金）等。毛棕榈油的压榨方式主要有以下 3 种：

（一）家庭手工作业

将成熟鲜果穗采集后，用刀进行人工脱果，然后把果实果肉放入锅中煮熟煮软，放入自制的木质容器（形如高脚杯）中，用木制捣碎棒（一端长、尖，另一端粗、平，中间较细，可手握）捣烂果肉，捡出果核，捣烂果肉再次放入锅中煮上一段时间，其间捞出果肉纤维，煮后取出浮在水面上的毛棕榈油即可。

（二）小作坊加工

加工步骤如下：人工脱果→果实放入铁锅中用柴火蒸煮→放入人工旋转搅拌器中挤压→毛棕榈油流入水池中→取出毛棕榈油→倒入铁框池中过滤净化→毛棕榈油储存。剩余的油泥油渣以及果核通常被丢弃，但有时也会清理出果核进行二次压榨，即粉碎后进行蒸煮、提取等。据介绍，目前加工厂日产 1 000 L 毛棕榈油，并出口至加蓬。但目前由于机器损坏，维护困难而弃用。

（三）规模化加工

位于韦索莫科寇（MOKEKO）地区的毛棕榈油加工厂，1988年由 AVPOIL 公司设计建造。加工步骤大致如下：鲜果穗→称全重→卸果穗→称车重，得到鲜果穗重→单链传输至蒸汽锅炉→杀酵→单链传输至脱粒机→果实→压榨→毛棕榈油→真空干燥→毛棕榈油。据韦索地区政府的一位官员介绍，毛棕榈油每小时压榨鲜果穗 7 t，出油率 21%，为科寇（KOUKEKO）和莫科寇种植的 5 000 hm² 油棕园提供压榨加工服务。1996—2000 年，因内战等原因致使生产不正常，2000 年后停产关闭至今，很多 2000 年采购安装的机器如蒸汽锅炉、核仁压榨设备等均没有投入使用。

三、油棕科研情况

由于刚果（布）国家的建立、社会稳定状态等客观原因限制，该国的自然环境虽然适于油棕种植，但油棕生产发展及科研水平均较低，仅刚果（布）农学院设置有热带作物专业（香蕉、橡胶、油棕等），并向部分种植户提供过相关的技术服务，且鲜有科研成果报道。

第十四节　哥伦比亚

一、油棕种植情况

哥伦比亚位于南美洲西北部，西濒太平洋，北临加勒比海，是南美洲唯一面向两个大洋的国家。哥伦比亚沿海平原属于热带和亚热带地区，全国年均降水量为 900～1 300 mm，土地肥沃。哥伦比亚从 1932 年开始引进油棕，大约在 20 年后，为了促进经济增长，政府开始实施油棕商业栽培计划。在政府鼓励种植油料作物的政策下，加勒比海沿岸的平原地区、东部丘陵地区和西南地区开始大规模种植油棕。在 20 世纪 80 年代，油棕种植面积增加了 2 倍，油棕已成为哥伦比亚最重要的农作物之一。

2004 年哥伦比亚油棕种植面积已达 24 万 hm²。哥伦比亚的油棕收获面积也呈逐年增加趋势，据联合国粮食及农业组织统计，2006 年哥伦比亚的油棕收获面积大约 18.5 万 hm²，2014 年增至 28 万 hm²，目前油棕种植园总面积已达到 50 万 hm²。

二、棕榈油生产情况

哥伦比亚是南美洲第一大棕榈油生产国。棕榈油和棕榈仁油的产量大约占国内油脂产量的 90%，棕榈油和棕榈仁油的消费量占国内油脂消费总量的 60% 左右。经过多年努力，哥伦比亚棕榈油的国际竞争力进一步提高，棕榈油出口量大幅增加，棕榈油成为哥伦比亚主要的出口农产品之一。由于油棕品种改良和栽培技术方面的改进，哥伦比亚棕榈油产量从 1990 年的 $2.5\ t/hm^2$ 提高到目前的 $4\ t/hm^2$，最高可达 $8\ t/hm^2$。随着收获面积的增加，哥伦比亚的油棕果穗产量也逐年增加，2005 年高达 330.7 万 t（表 3-12），居世界第五位。

表 3-12　1996—2005 年哥伦比亚油棕生产情况

年份	1996	1997	1998	1999	2000	2001	2002	2003	2004	2005
收获面积（万 hm^2）	11.8	12.0	12.3	12.8	13.5	13.8	14.5	15.0	15.7	17.5
油棕果单产（t/hm^2）	16.2	17.0	16.7	18.7	18.3	18.8	18.0	17.5	20.0	18.9
油棕果产量（万 t）	191.2	204.0	205.4	239.4	247.0	259.4	261.0	262.5	314.0	330.7

数据来源：谢龙莲，哥伦比亚油棕业概况，中国热带农业科学院科技信息研究所。

哥伦比亚的棕榈油加工业较发达。2003 年，哥伦比亚的棕榈油提炼厂共有 51 家，其中，加工能力为 25 t/h 鲜果串的提炼厂有 8 家，16~25 t/h 的有 13 家，11~15 t/h 的有 14 家，6~10 t/h 的有 11 家，5 t/h 以下的有 5 家。哥伦比亚还有 6 家棕榈油生物柴油厂运营。该国关于棕榈油的加工设备比较先进。

此外，为了应对可能发生的世界能源危机，拉丁美洲各国正在积极寻求石油的替代产品。这些国家将目光投向当地盛产的各种油料作物、甘蔗、甜菜和动物脂肪等农副产品，大力开发生物燃料，成果显著。在开发生物燃料方面，哥伦比亚已成功地从棕榈油中提炼出乙醇，目前年产量达到 100 万 L，并计划在 3 年内翻三番。2020 年，油棕取代咖啡成为哥伦比亚最主要的经济作物。全球生物柴油的推广给哥伦比亚棕榈油业提供新的发展机会，哥伦比亚在油棕扩种、提高棕榈油提取率、建生物柴油厂和基础设施建设等方面进行投资。据哥伦比亚政府统计，2000 年，哥伦比亚有 30% 的柴油机不得不依靠进口柴油。所以，哥伦比亚棕榈油产业将有很大的发展潜力。

在 20 世纪 80 年代，为了增加棕榈油产品的销售量，哥伦比亚制定了调节国内棕榈油供应的销售策略。考虑到提高国内棕榈油库存和统一棕榈油贸易的策略不适应棕榈油的可持续生产，哥伦比亚棕榈油贸易逐渐转向国际市场自由化发展。1989 年以来，为了调节国内棕榈油供应，提高国内棕榈油的市场价格，哥伦比亚号召油棕种植者只出口部分棕榈油产品，并制定了私人出口配额，同时帮助种植者提高棕榈油出口能力。在 20 世纪 90 年代，过去的政策逐渐显示出了一定的优势。由于海外市场的棕榈油价格和销售成本高于国内市场，有些生产商拒绝出口棕榈油，其他生产商也纷纷效仿，因而造成国内油脂市场的供过于求。因此，种植者要求政府成立国内的棕榈油销售组织机构和制定棕榈油产品的出口策略，对棕榈油贸易实施宏观调控。1998 年成立了棕榈仁及棕榈油产品价格稳定基金。该基金会根据种植者联盟制定的年度计划，补偿那些以较低的价格出口棕榈油产品的商家，调节国内棕榈油产品供应和确保棕榈油产品持续出口，保证所有的出口商均有机会参与到国内外棕榈油市场中。

三、油棕科研情况

1962 年成立的哥伦比亚油棕种植者联盟（National Federation of Oil Palm Growers，Fedepalma）是哥伦比亚最具有代表性的油棕种植者组织。该组织为种植者提供相关政策咨询和服务，其成员有权使用该联盟所发行出版物的相关信息，成员不仅可以参加技术培训，还可以参与会议讨论，为大家提供交流的机会。为了寻求解决油棕生产稳定性的科技问题，以及为油棕种植管理和油棕加工提供持续的技术支持，1990 年，Fedepalma 成立了哥伦比亚油棕研究中心（Centre for Oil Palm Research，Cenipalma）（彩图 21）。

Cenipalma 的总部位于首都波哥大，在其他油棕主产区另设有 3 个实验站，主要从事油棕新品种选育、病虫害防治、植株授粉、生理学和营养学等相关研究（彩图 22 至彩图 25），同时研发相关技术及产品为哥伦比亚油棕种植园提供技术服务，包括土壤、果串营养元素测定分析、病虫害防治等。30％的经费来自政府，70％来自产业支持。Fedepalma 每年为 Cenipalma 提供一定比例的科研经费，该模式为哥伦比亚油棕产业的可持续发展提供了较好的保障。

在品种改良方面，Cenipalma 致力于选育高产优质以及抗病虫害的新品种，研究人员通过美洲和非洲油棕品种杂交，培育出高产抗病的种间杂交品种，同时也提高了胡萝卜素和维生素 E 含量。

Cenipalma 在油棕病虫害方面的工作较为细致，制作了大量主要虫害及其天敌昆虫的标本，可以对油棕种植园发现的各种虫害进行快速鉴定，并根据病虫害危害症状，提出各种有效的防治措施。同时开发了利用害虫性激素诱杀的产品及装置，田间应用效果较好，有利促进了其相关技术服务工作的开展。

第十五节　洪都拉斯

一、油棕种植情况

洪都拉斯的气候包括平原的热带气候和山地的温带气候，其中沿海地区为热带雨林，年平均气温 31 ℃；中部山区凉爽干燥，年平均气温 23 ℃，全年分两季，6—10 月为雨季，11 月至翌年 5 月为旱季。雨量充沛，北部滨海地带和山地向风坡年降水量可高达 3 000 mm。适宜油棕种植。从 1944 年开始就已经在其境内的私人庄园中有油棕的种植，直到 20 世纪 70 年代才出现大范围种植。目前油棕的种植面积约 10 万 hm²，有的油棕园管理水平较低。

二、棕榈油生产情况

洪都拉斯是中美洲棕榈油主产国,占中美洲产量的45%,但在世界范围内属于产量较低的层次,约占世界产量的0.5%,年产棕榈油20万~25万t。

三、油棕科研情况

该国尚无油棕相关研究报道,与洪都拉斯棕榈油生产相关的协会 EACLiberación,是热带雨林联盟认证的世界上第一个可持续棕榈油协会。

第十六节 巴 西

一、油棕种植情况

巴西位于南美洲的东南部,地跨西经35°~74°,北纬5°至南纬35°。大部分地区处于热带,北部为热带雨林气候,中部为热带草原气候,南部部分地区为亚热带季风性气候。亚马孙平原年平均气温25~28℃,南部地区年平均气温16~19℃。日照充足,雨水充沛,非常适合油棕的生长。巴西油棕的主要种植地区位于亚马孙河流域,巴西政府的未来目标是油棕种植面积达到250万 hm^2,但目前种植面积约30万~40万 hm^2。其中,中国、日本等国家均投资了一定面积的商业种植园,但受巴西劳工法律、政策等因素的影响,进一步扩大投资受到了影响。

二、棕榈油生产情况

目前巴西棕榈油的产量约100万t左右。如果未来巴西的油棕种植目标达到250万 hm^2,那么棕榈油的产量将占全球产量的10%~15%,可能会对棕榈油的价格产生相应的影响。巴西政府2006年2月又正式启动了"生物柴油计划"。生物柴油主要以油棕等巴西特有的油料植物为原料。目前巴西已有21万农户参与生物柴油种植计划，1 500 个加油站提供生物柴油。从 2008 年开始，巴西销售的柴油必须添加 2% 的生物柴油，到 2013 年添加比例增加到 5%。随着国际油价的大幅度上涨和人们对环境保护的日益关注，价廉、无污染的生物质能源必将得到越来越多国家的青睐，巴西及其他国家对棕榈油的消费量将大大增加。

三、油棕科研情况

巴西农牧研究院（EMBRAPA）是隶属于巴西农业部的国有研究机构，是巴西国家农业研究体系的一部分。EMBRAPA 下设 46 个研究中心，基本分为 3 类。第一类是产品研发中心，主要是牛肉、大豆、玉米等食品类的研发与加工，其中的脂肪类食品开发中心涉及油棕相关研究。第二类是基本理论研究中心，其中的遗传资源与生物技术中心、热带农业中心等涉及油棕相关研究。第三类是生态区研究中心，其中关于亚马孙地区雨林保护的研究中心涉及油棕自然多样性及产量改良潜力、油棕对雨林退化和多样性损失的影响等相关研究。

Embrapa 马瑙斯分中心（彩图 26）位于亚马孙流域，具有开展油棕尤其是美洲油棕（*Elaeis oleifera*）研究的先天优势，主要开展美洲油棕的杂种优势、栽培生理等相关研究。据了解，美洲油棕（彩图 27）主干增长极慢，年生长量仅 5～10 cm，美洲油棕与非洲油棕（*Elaeis guineensis* Jacq.）种间杂交品种的年生长量约 25 cm，远低于非洲油棕的 45～55 cm，并且具有树体耐涝耐旱、全年产量分布相对均匀、果串耐储运等优点。

第十七节　哥斯达黎加

一、油棕种植情况

哥斯达黎加位于中美洲，中部高原地区气候温和，沿海平原地区气候较热。一年只有两个季节，4—12 月为雨季，12 月底到翌年 4 月为旱季，也称为夏季。首都圣何塞的气温最低为 15 ℃，最高为

26 ℃；沿海地区的气温相对来说比较高，加勒比海地区的夜平均温度为 21 ℃，日平均温度为 30 ℃。油棕是该国最重要的经济作物之一，哥斯达黎加油棕种植业主要集中在太平洋中部和南部地区。油棕种植园以公司种植为主，小农户种植为辅。大公司每年为小农户提供化肥、种子、技术、资金，鼓励小农户发展油棕生产，并负责收购其鲜果进行加工。哥斯达黎加农业和畜牧业部的数据显示，2011年哥斯达黎加油棕种植面积为 6 万 hm²，2015 年为 7.775 万 hm²。

二、棕榈油生产情况

鲁玛集团（Numar Group）于 20 世纪 90 年代进入哥斯达黎加，是该国最大的从事油棕产业的外国公司，拥有 Palma Tica 和 Agriculture Service Developm ent（ASD）两家子公司。其中 Palma Tica 主要从事油棕园开垦、种植与油棕果加工业务，目前拥有近 2 万 hm² 种植园和 1 个年产 5 万 t 棕榈油的加工厂；ASD 主要从事新品种选育、种苗繁育等研究工作。哥斯达黎加 Palmeros del Norte 公司也是一家有 40 年历史从事油棕种植及榨油的重要企业。2011—2015 年，哥斯达黎加棕榈油产量从 24.15 万 t 增加至 31.29 万 t，主要出口至墨西哥等美洲国家。

三、油棕科研情况

哥斯达黎加属北美洲国家，也是油棕的主产区之一，该国对油棕的研究居世界先进水平。哥斯达黎加是首次把油棕种子引进中美洲的国家。1920 年，他们从西非的塞拉利昂引种到中美洲的危地马拉，1926 年从东南亚引种到巴拿马。此后，又引进到洪都拉斯的 Lancetilla 植物园，该国在油棕引种方面取得了一定的成就。哥斯达黎加在 1922—1969 年之间从苏门答腊和一些西非国家收集了 Deli、Dura 品种的后代，又通过资源交换的途径从加纳等地得到一大批油棕遗传材料后，于 1974 年开始利用引进的资源进行育种研究。后来又从非洲坦桑尼亚、喀麦隆、塞拉利昂、马拉维等国收集了一些野生油棕种质。

哥斯达黎加农业服务与发展公司（Agriculture Service Development，ASD）总部位于圣何塞，种质圃、制种园、组培中心等位于尼尔。ASD 在油棕种质资源的收集和新品种培育方面做了大量的工作，多年来在全世界范围内大量收集油棕种质资源，所建的基因库中包括引自巴西、苏里南、哥伦比亚、巴拿马、尼加拉瓜等国家的重要繁殖种群。目前拥有 200 hm² 油棕母本园，其中，母本品系主要有 Deli、Bamenda、Kigoma 等，父本品系有 Ekona、La Me、Dami 等。在通过对优良种质的评价基础上，选育出适应于不同环境的品种或杂交组合，如高产的 Deli×AVROS、Deli×Calabar、Deli×Ekona、Deli×Lame、Deli×Nigeria、Deli×Yangambi 等；耐寒的油棕杂交组合 Tanzania×AVROS、Tanzania×Ekona、Bamenda×AVROS 等。这些品种目前在国际市场中具有重要的地位，在很多种植油棕的国家推广利用。

目前，ASD 正致力于通过生物技术、组培技术开展油棕新品种培育工作。育种目标主要集中在以下 3 个方面：持续选育优良的非洲油棕品种；选育具有优良表现的、可用于种间杂交的美洲油棕品种；筛选非洲油棕和美洲油棕的杂交材料，用以选择优良的种间杂交品种（彩图 28）。

ASD 是拉美地区油棕种子的主要供应商，拥有 1 个大型种子生产中心，并且配备了先进的检测、生产、记录、质量控制以及包装运输设施设备，每年可生产优质油棕种子 500 万粒以上（彩图 29），同时出售油棕组培苗（彩图 30），占哥斯达黎加油棕种子生产的 95% 以上，年创产值 3 000 万美元以上，为美洲的油棕产业发展做出了重要贡献。

第十八节　巴布亚新几内亚

一、油棕种植情况

巴布亚新几内亚是大洋洲第二大国，是世界上较不发达的国家之一。位于太平洋西南部，面积约 46 万 km²。自然资源极其丰富，森林覆盖率达 90% 以上，且大部分为原始热带雨林。海拔 1 000 m 以上属热带雨林山地气候，其余属低海拔热带雨林气候，6—10 月为旱季，12 月至翌年 4 月为雨季，沿海地区日均温度最高 32 ℃，最低 21 ℃，山地最高 29 ℃，最低 18 ℃，年平均降水量约 2 500 mm。

油棕是该国最重要的经济作物之一。新不列颠棕榈油有限公司（NBPOL）于 1960 年代中期在巴布亚新几内亚建立了第一个油棕种植园（彩图 31）。目前马来西亚吉隆坡甲洞有限公司（KLK）种植 30 万 hm²，全国油棕的种植面积约 200 万 hm²。

二、棕榈油生产情况

随着油棕种植面积的扩大，棕榈油产量的不断提高，其出口量也逐渐增加。2011—2015 年棕榈油的出口量分别为 577 万 t、587 万 t、564 万 t、640 万 t、640 万 t，稳居世界棕榈油出口国第三位，仅次于印度尼西亚和马来西亚。由于其国内人口仅有 500 万左右，所以国内消费量不大，但其国土面积却大于马来西亚，因此，巴布亚新几内亚具备改变未来世界棕榈油产业格局的潜力。

NBPOL 是巴布亚新几内亚油棕产业的龙头企业，2015 年前后被马来西亚 Sime Darby 集团收购。NBPOL 在油棕产业技术研究方面做了大量的工作，包括棕榈油加工、榨油厂废液的循环利用（包括污水分级处理、废水沼气发电等）等，并建设有规模较大的储油罐区以及货运码头（彩图 32 至彩图 34）。

三、油棕科研情况

NBPOL 在巴布亚新几内亚主导成立了油棕研究协会（OPRA），Dami 油棕研究中心（彩图 35）是 NBPOL 旗下的专业研究机构，主要从事油棕新品种选育、组织培养、栽培生理等相关研究，同时通过杂交制种生产注册品牌为 Dami 的油棕种子，为巴布亚新几内亚以及泰国等东南亚油棕主产区提供种植材料（彩图 36 和彩图 37）。

第十九节　瓦努阿图

一、油棕种植情况

瓦努阿图属典型的热带海洋性气候，土壤肥沃，气候温暖潮湿，适宜种植油棕。瓦努阿图以前几乎无油棕种植，2005 年，中国热带农业科学院和由中方投资在瓦努阿图注册成立的瓦努阿图棕榈油有限公司合作，把油棕种植技术带到瓦努阿图桑托岛，结束了其没有油棕种植的历史。目前，瓦努阿图的桑托岛已有 5 300 hm^{2}油棕种植园，其中政府、社区、公司合作的农场约 2 000 hm^2，实现了油棕在桑托岛从无到有再到产业化的发展。

二、棕榈油生产情况

目前瓦努阿图桑托岛上的油棕长势好、林相整齐，每公顷可产 4 t 棕榈油，产业化规模种植逐渐形成。

三、油棕科研情况

由于瓦努阿图受国家自身情况所限，农业、工业的基础均十分薄弱，处于相当落后的状态。其国内油棕种植在我国的援助下刚刚开始起步，所以油棕科研处于空白状态，几乎未有从事油棕研究的专业机构，目前种植油棕的技术是由我国提供的，技术支持单位为中国热带农业科学院。

瓦努阿图目前在完成初期油棕种植的条件下，继续扩大油棕的种植生产规模，逐步形成瓦努阿图的棕榈油产业，在我国的相关单位支持下，可进一步建立日益健全的油棕科研体系。

第二十节　斐　　济

一、油棕种植情况

斐济气候属热带海洋性气候，全年冷热适中，气温一般保持 22～32 ℃。每年 5—10 月盛行凉爽的东南信风，是一年中相对干燥的季节；雨季则从 11 月持续到翌年 4 月，其间风向多变，气温最高可达 35 ℃左右，湿度较大。从雨量分布看，斐济主岛分为泾渭分明的干燥地区和湿润地区，东南部地区雨量丰沛，苏瓦市平均年降水量 3 850 mm；西部地区相对干燥；第二大城市劳托卡（Lautoka）年降水量则只有 1 910 mm。综合分析斐济的气候条件适宜油棕种植。油棕种植主要由马来西亚投资者资助，建立油棕行业协会，并建立面积为 3 万 hm² 的油棕生产基地。

二、棕榈油生产情况

目前还没有规模化的棕榈油生产。

三、油棕科研情况

斐济经济及科研水平均处于较低水平，油棕科研目前主要依靠马来西亚提供技术支撑。但是该国在其农业部的主导下已经开展了椰子种植及榨油的相关研究，技术支撑为亚太椰子联盟（APCC），在此基础上，若开展油棕相关科研也是具备基本条件的。

第四章 中国企业"走出去"发展油棕产业概况

第一节 境外油棕种植概况

油棕为世界热带地区的重要经济作物，目前有 40 多个国家和地区种植油棕。这些国家主要分布在东南亚、非洲、南美洲，是我国传统的外交伙伴和农业"走出去"战略的重要目的地。东南亚、非洲、南美洲等地区气候条件优越、资源丰富，是发达国家争夺的热点地区。我国企业"走出去"到这些地区发展油棕种植业，这些地区成为我国油棕产业发展的重要补给基地。我国企业"走出去"发展油棕，可进一步提升我国在油棕研究领域的竞争力和影响力，为国际合作交流与支撑热带农业"走出去"战略发挥重要作用，显著增强了我国的国际地位，提升了国际影响力。

海外投资条件成熟的公司已经先行开始在国外建立油棕种植基地，随着我国经济实力的增强，我国目前在国外发展油棕种植的企业主要有天津聚龙嘉华投资集团有限公司（以下简称"天津聚龙集团"）、辽宁三和矿业投资有限公司（以下简称"三和矿业"）、山东冠丰种业科技有限公司（以下简称"山东冠丰种业"）、山西御德农贸有限责任公司（以下简称"山西御德农贸"）等。具体情况如下。

一、天津聚龙集团在印度尼西亚的油棕种植园

天津聚龙集团是一家以棕榈油为主营业务的全产业链油脂企业，在国内围绕华北、华东、华南建立了三大油脂集散地并开展油

脂相关业务,年加工能力超过 300 万 t,现有海内外员工 9 000 余人,其中外籍员工超过 8 000 人。集团总部位于天津滨海新区核心区天津港保税区,在渤海之滨天津市、长江下游的江苏省靖江市和印度尼西亚设有天津龙威粮油工业有限公司、天津市聚龙贸易有限公司、天津市邦柱贸易有限责任公司、天津市聚龙粮油有限公司、靖江龙威粮油工业有限公司、靖江龙威粮油港务有限公司、PT. GRAHA INTI JAYA 等 7 个成员企业。集团以棕榈油生产与营销为主业,现已形成了集油料作物种植、油脂加工、港口物流、粮油贸易、油脂产品研发、品牌包装油推广与粮油产业金融服务为一体的完整产业链,是中国起步最早、规模最大、影响最广的棕榈油企业之一。

天津聚龙集团是中国棕榈油贸易领域中市场份额最大的民营企业。其在天津港保税区建有油脂综合加工基地,棕榈油年分提能力 135 万 t、精炼能力 70 万 t;在江苏省靖江市建有总吞吐量 14 万 t 的 3 个内河码头物流基地,以及年产精炼油脂 60 万 t、分提棕榈油 100 万 t、储存油脂 21 万 t 的特大型油脂加工厂。2007年 5 月推出了国内市场上第一款小包装"假日"初榨棕榈油,填补了国内小包装食用油的市场空白,将源自东南亚的棕榈油送入了千家万户。

为提高中国棕榈油企业群体的国际竞争力,天津聚龙集团于2006 年南下印度尼西亚,2008 年在加里曼丹岛建成了中国企业在海外的第一个油棕种植园,并于 2011 年初建成中国企业在海外的第一个棕榈油压榨厂。这两个"第一"成为中国企业全面进入棕榈油产业领域的重要标志。

天津聚龙集团在印度尼西亚拥有农业用地 20 万 hm²,目前已种植油棕 6 万 hm²。2017 年油棕种植园产果 34.94 万 t,产油 12万 t,营业额约 7 亿元人民币;2018 年产果约 56 万 t,营业额约 11亿元人民币。现有的油棕种植园分为 5 个园区(彩图 38 至彩图41),其中,中加里曼丹、南加里曼丹、北加里曼丹、西加里曼丹4 个园区主要从事油棕种植、初级加工和生物质发电;苏门答腊岛楠榜园区主要从事精深加工和港口物流。5 个园区配套建有 3 个压榨厂，2 处河港物流仓储基地，1 处海港深加工基地。伴随着国际贸易的深入与国际农业产业投资的发展，天津聚龙集团的大宗原料油已进入印度尼西亚、印度、韩国市场，在印度尼西亚创立的自有品牌包装油 Oilku 已经进入非洲市场。目前，天津聚龙集团在马来西亚拥有期货交易中心，在新加坡拥有国际贸易采购中心，在肯尼亚、加纳等 8 个国家建立了办事机构并开展相关业务。

在原有农业开发的基础上，天津聚龙集团从 2013 年开始建设中国-印度尼西亚聚龙农业产业合作区（彩图 42），积极打造服务海外农业投资平台。截至目前，合作区内已完成道路、供水、供电、排水、通信以及平整土地等基本配套建设，已获得工业用地 3.23 km²，其中基础设施建设投资近 9 000 万美元，累计吸引各类入区企业 14 家。2016 年，商务部、财政部联合下发《国家级境外经济贸易合作区确认函》，天津聚龙集团投资建设的中国-印度尼西亚聚龙农业产业合作区被确认为国家级境外经济合作贸易区。该产业园区以棕榈油产业链为主导，集油棕种植开发、棕榈油初加工、精炼与分提、品牌包装油生产、油脂化工以及生物柴油提炼于一体，同时积极发展仓储、物流、公共服务等配套产业。

二、辽宁三和矿业在刚果（金）的油棕种植园

辽宁三和矿业投资有限公司成立于 2007 年 3 月，主要从事有色金属开采、冶炼、销售等业务，子公司还包括物流运输、农业投资及农产品开发等业务。非洲业务范围主要包括赞比亚、津巴布韦、莫桑比克、南非、刚果（金）等国。刚果（金）野生油棕遍布各地，可用耕地面积充足，具备发展油棕产业的先天优势，同时对棕榈油有巨大的刚性需求。辽宁三和矿业拥有周边多国的物流运输等资源优势，满足棕榈油生产及其跨境运输、销售符合企业的产业布局和自身发展需求，对于降低企业海外投资风险等问题具有重要意义。因此，辽宁三和矿业 2016 年正式启动油棕投资项目，并成立姆瓦丁古沙生态农业有限公司（MEA）。

MEA 位于刚果（金）东南部的上加丹加省利卡西市姆瓦丁古沙附近，拥有 2 万 hm² 土地，合同期限为 25 年。2018 年已种植油棕 2 000 hm²，目前正在繁育第二批种苗约 50 万株，2020 年种植 3 000 hm²（彩图 43 至彩图 45）。该基地油棕种植园规划、品种选择、种苗繁育、水肥管理、病虫草害综合防控等信息咨询与技术服务由中国热带农业科学院椰子研究所提供。

三、山东冠丰种业在巴西的油棕种植园

山东冠丰种业科技有限公司是中国名牌产品企业、中国种业五十强、农业产业化国家重点龙头企业、国家创新型示范企业，是集种子科研、生产、加工、销售于一体的股份制企业，总资产 8.3 亿元，员工 858 人。公司具有自主知识产权的作物新品种 5 个，具有商业开发权的作物新品种 22 个，1 000 家县级总代理，20 000 个终端供应商，销售网络遍布全国近 20 个省市和地区。公司注重产学研相结合，先后承担科技部"农业成果转化资金项目"、山东省"农业科技成果转化资金项目"、国家科技支撑计划"油脂资源综合利用生产技术示范"项目。2009 年，主要农作物种质创新国家重点实验室落户山东冠丰种业。该公司积极拓展海外农业，拟在巴西开发油棕种植与加工一体化项目，原计划总规模 20 万 hm²。

山东冠丰种业 2009 年在巴西贝伦开展项目前期调研，2011 年开始建立油棕种植园（彩图 46）。现有土地 10 000 hm²，已陆续种植 3 000 hm²，主要分布在 3 个区域，含多个品种，最后一批 2016 年完成种植。最早一批已种植 7 年，目前鲜果串年均产量约 30 t，全部就近销往其他国家建设的榨油厂，售价约 250 BRL* 随国际棕榈油价格波动。目前种植园管理主要依靠巴西当地员工，主要存在施肥不足、雄花序过多、产量不稳定等问题。

---

* BRL 为巴西货币单位雷亚尔，1 BRL＝1.186 4 CNY.——编者注

四、山西御德农贸在瓦努阿图的油棕种植园

瓦努阿图是南太平洋岛国，桑托岛位于瓦努阿图北部，是当地最大的岛屿。2005 年由山西御德农贸有限责任公司投资在瓦努阿图注册成立瓦努阿图棕榈油有限公司，中国热带农业科学院作为技术支撑单位参与瓦努阿图油棕种植项目至今已有 10 年，并在前期商务部援瓦努阿图油棕种植技术合作项目中承担油棕引种、种苗培育、种植示范园建设以及相关技术培训等任务。中国热带农业科学院油棕专家先后从中国海南、云南，以及巴布亚新几内亚、哥斯达黎加引种的十余个油棕品种中，通过两年育苗、两年初试及中试，由我国援建的瓦努阿图首个油棕引种试种项目取得初步成功。试验结果表明，该油棕在瓦努阿图桑托岛的引种适应性表现喜人，油棕树不但长势好、林相整齐，而且结果率高、果穗大，果实饱满，无病虫害，未出现风害影响。油棕树种植 2 年后均可开花结果，产量潜力大。经过近 10 年的技术培训和规模化种植，如今桑托岛已有 5 300 hm² 油棕种植土地，其中政府、社区、公司合作的农场就有 2 000 多 hm²，实现了油棕在桑托岛从无到有再到产业化的发展。

随着该公司油棕种植项目的实施，可为当地农民提供大量的就业机会。棕榈油加工出口也将成为重要的出口创汇来源，有助于瓦努阿图当地经济的发展。当地居民非常欢迎该公司到桑托岛投资加工种植业，并希望借此项目振兴当地经济，增加农民的收入。

以上项目的建设实施，是我国农业企业合理利用、开发国外农业资源的有益探索，对于保障我国粮油安全以及新能源健康发展，具有重要战略意义。

第二节　存在问题及建议

一、中国企业"走出去"存在的问题

中国企业"走出去"投资农业开发的过程中遇到了诸多问题和挑战：

1. 土地产权问题不清

由于战争等历史原因,其他国家中央政府不能有效管理国家的所有土地,除了政府拥有土地的所有权外,同一块土地的所有权可能会同时属于几个不同的所有权人,如当地酋长、一些公司或个人。所以当中方平整完土地、完成所有的农业基础工作后,常常会有其他的土地所有权人出来主张权利,致使中方的项目不能如期完成,或增加成本。同时其他国家相关法律不是很健全,社会治安较乱,还存在一定的安全问题。

2. 农业基础设施不足

某些国家的农业基础建设几乎是空白,完全没有农田规划建设、水利工程、土壤改良等基础农业设施,严重限制了农业生产活动。交通运输基础设施建设滞后,成为制约农业增长的重要瓶颈。一般待发展地区的公路和铁路的路况都很差,运输效率很低,运输成本很高。

3. 农业生产资料缺乏

部分国家目前没有良种繁育企业,没有化肥厂和拖拉机厂等农业机械制造企业,农业生产资料价格昂贵。良种、农具、资金、技术等基本农业生产要素缺乏,农业生产状况不佳。

4. 农民组织化程度低,社会化服务体系建设滞后

中非地区及太平洋岛国的某些地区农民组织化程度很低,多数农民基本上都是单干户。即便是有些地区成立了农民协会或合作社,但基本上都是流于形式,真正能够正常运转的寥寥无几。由于没有农民合作社,政府又不对农民提供任何支持,农民得不到所需要的技术服务和专业技能培训。对农民的金融服务也处于空白,农村既没有商业性银行,也没有小额信贷。农民普遍缺乏资金和技术,这些不利条件严重制约了农业生产发展。

5. 资本回收慢且投资风险大

油棕生产期长,5年左右才能进入盛果期,在东南亚种植油棕的静态投资回收期一般在10年左右。企业从国内采购的物资运输和人员往来成本较高,道路、电力等基础设施投入大,且部分国家政局不稳定，劳动力管理困难，资本回收的风险较大。

6. 语言和法律问题

如非洲多数国家使用法语、部分国家使用英语，各部落则多使用其民族语言，当地掌握汉语的人才较少，我国企业在生产管理中面临语言交流的难题。此外，部分国家的法律条文非常细，尤其涉及环保、劳工权益等问题时，应充分了解、谨慎应对，否则可能导致官司缠身或面临巨额罚款，同时影响企业形象。

二、中国企业"走出去"的建议

1. 把握境外发展机遇

深入理解"一带一路"和农业"走出去"发展战略，积极参与境外资源开发的战略布局，把国家需要和企业发展结合在一起，争取得到国家政策的相关支持，同时充分了解目标国的资源优势和招商引资需求，争取得到当地政府的支持，通过合作共赢谋求可持续发展。

2. 扎实做好项目调研与规划论证

我国企业"走出去"，信息严重不对称。在确定基本的投资方向后，应充分听取驻外使领馆、经商处以及当地中国企业的意见，多方求证、科学立项，减少项目的盲目性，降低投资风险。项目选址应尽量和中国对其基础设施建设投资项目相配套，使境外合作项目的社会效益和经济收益更大，更具持续性。

3. 低调进入，务实推进

大规模土地开发利用可能会改变当地生态系统、土著文化及生活传统，高调进入相关国家从事油棕产业开发，既容易招来竞争对手，又可能被绿色和平组织等非政府组织煽动抵制。因此，应充分考虑目标国的国情和项目的长期性等特点，在项目经营方式等问题上做好充足准备，联合当地政府和相关科研机构，在减免营业税等方面争取利益，力求项目经济效益最大化。

4. 积极承担企业社会责任

互利共赢是进入目标国的重要前提和保障，从项目规划到实施运营，都要充分考虑当地政府和居民的利益诉求。由于历史原因，在适宜发展油棕的热带地区，经济发展水平还比较落后，特别是政府财力无法支持公共文化建设。油棕种植园的更新周期为 20～25 年，境外投资必须承担企业社会责任，如增加人口就业、带动当地相关产业发展、赞助和参加当地宗教及文体活动，援建医院和学校等，不但可稳定雇员队伍，还有助于企业融入当地社会并取得稳定持续发展。另一方面也可以修一些连接油棕产区和消费区的公路和码头，以方便生产资料及产品的运输和销售。这样的合作将会取得更大的社会和经济效益。

5. 强化企业管理和风险监控

建立适应国际化经营的一系列制度，从原料采购、环保要求、质量控制、产品销售、人力资源、经营方案、企业社会责任等多方面规范经营运作，严格细化成本控制。同时，应加强对国际市场环境的研究，把握国际市场变化，规避市场及汇率风险。此外，应组建、参与或密切联系当地华人商会，通过"抱团出海"优化资源配置、降低投资成本和风险。

6. 充分发挥国内科研院所的科技支撑作用

中国热带农业科学院拥有油棕种植加工的人才优势和技术优势，并且与东南亚、非洲、美洲等油棕主产国的相关科研院所及企业交流频繁、合作广泛，可为境外油棕产业开发提供重要支撑。

7. 在"走出去"投资的目标国选择上，建议重点关注以下 3 个区域

（1）目标国是东南亚的泰国、柬埔寨、越南、老挝。这些国家的南部地区拥有大片适宜种植油棕的土地，在地理位置上离我国海南、云南较近，海运或陆运交通便利，有利于中资企业全产业链式"抱团出海"进行开发。而马来西亚、印度尼西亚等传统油棕主产区的产业发展已经非常成熟，目前中资企业很难进入或发展壮大。

（2）目标国是非洲的刚果（金）、刚果（布）、加蓬、喀麦隆、尼日利亚、加纳、科特迪瓦。这些国家是非洲油棕的起源地和传统种植区，目前生产条件相对落后，但油棕种植条件良好、棕榈油消费历史悠久，发展前景广阔。

（3）目标国是南美洲的巴西、秘鲁、哥伦比亚。这些国家是美洲油棕的起源地和传统种植区，油棕种植条件良好，可用土地面积较大，并有相对较好的棕榈油生产条件，油棕产业发展空间很大。

8. 在投资模式上，建议先加工、后种植，并购为主、独资为辅

并购新兴国家的地方企业，建议优先以产业链组团的方式进入，即中方企业包含棕榈油产业链中种植、采收、加工、销售等全部环节。或者通过产业链周边环节，比如种植环节的肥料、农药、采收机械等；加工环节的加工厂建设全套解决方案；棕榈油销售环节的物流运输解决方案等。因为涉及境外贸易活动，总体原则建议柔性介入，合作共赢。

第三节　发展油棕产业的科技支撑

中国热带农业科学院（简称"中国热科院"）是隶属于农业农村部的国家级科研机构，创建于 1954 年，1965 年升格为华南热带作物科学研究院，1994 年更名为现名。60 多年来，中国热科院不负重托，面向热区经济社会建设和国家农业对外合作的主战场，扛起了加快热带农业科技走出去的"主力军"的职责和重任。立足中国热区，进行分院建设布局，致力于打造热带农业国家科学中心，支撑热带现代农业发展，服务产业融合升级；面向世界热区，致力于打造热带农业世界科学中心，引领中国热带农业"走出去"，服务国家"一带一路"建设。

中国热带农业科学院椰子研究所（简称"椰子所"）始建于1979 年，是我国唯一以热带油料作物为主要研究对象的科研机构，现有职工 150 多人，主要开展椰子、油棕等热带油料作物和热带经济棕榈植物相关领域的基础科学研究、应用技术研发、科技成果转化以及科技服务等工作，主办或承办 20 多期发展中国家技术培训班和国际会议，为热带油料"走出去"战略打下坚实的基础，在我国同类科研机构中具有鲜明的特色。

椰子所油棕研究中心在油棕种质资源鉴定与评价、新品种选育与引种试种、杂交制种与种苗繁育、种植园管理与林下空间综合开发利用等方面获批国家自然科学基金、农业农村部物种资源保护、农业部948项目、国家林业局948项目、中央财政林业科技推广示范、海南省重点研发计划等国家级或省部级课题30多项,制定行业标准和地方标准10项,获批国家发明专利10多项,发表论文60余篇,积累了大量科学数据和工作经验。

在国际交流与合作方面。近年来,中国热科院先后出访30多人次实地考察了亚洲的马来西亚、印度尼西亚、泰国、缅甸、斯里兰卡,非洲的尼日利亚、加纳、科特迪瓦、利比里亚、塞拉利昂、喀麦隆、加蓬、刚果(布)、刚果(金)、安哥拉,南美洲的巴西、哥伦比亚、哥斯达黎加,以及大洋洲的巴布亚新几内亚、瓦努阿图,欧洲的法国等20多个国家,邀请马来西亚棕榈油署(MPOB)、印度尼西亚油棕研究所(IOPRI)、尼日利亚油棕研究所(NIFOR)、加纳油棕研究所(CSIR‐OPRI)、法国农业研究国际合作中心(CIRAD)等专业研究机构的专家来访30多人次,签订多个科技合作备忘录并联合申报项目。

在产业经济和科技服务方面,重点开展全球油棕产业发展布局和商业种植园规划研究。结合境外实地调研,先后为国家开发银行、中地国际工程有限公司等多家跨国投资企业编写了油棕产业发展规划,以及缅甸、塞拉利昂、安哥拉等国家的油棕种植加工园项目可行性研究报告。与天津聚龙集团、辽宁三和矿业等签订合作协议,为我国企业响应国家"一带一路"倡议、"走出去"投资油棕产业提供技术支撑。

经过多年的积累,主要为企业"走出去"提供以下油棕产业技术支撑。

一、境外投资布局规划

根据企业现有业务及相关资源,为企业提供境外油棕产业投资的布局规划,包括目标国、种植园和榨油厂的建设、并购、物流及销售等方面的服务，同时提供可研报告。

二、种植园规划与建设

根据企业投资规模，提供土地清理、种植穴定标与施肥、种植小区与株行距，以及道路、灌溉、排水等布局规划，同时推荐相关施工机械及承包商。

三、品种选配与种苗繁育

根据项目地的气候条件，推荐最适宜的油棕品种以及种子种苗的供应商，同时提供境外苗圃建设、种苗繁育等全程技术支持。

四、种植园管理

根据种植园立地条件，提供苗木定植与非生产期管理、树体修剪与花果负载量调控、营养诊断与水肥管理、病虫害综合防控等技术支撑，同时推荐林下间种经济作物、畜禽养殖等林下空间综合利用模式，提高种植园的综合经济效益。

五、榨油厂规划

综合考虑种植园规模、果串预期产量、电力供应等因素，为榨油厂选址、产能设计等提供规划建议，并为榨油厂建设推荐有资质和实力的承包商。

六、联合研发

根据企业实际需求，联合国内外优势资源研发相关技术或产品，如油棕果串采收与运输等智能农机装备、物联网与园区可视化管理系统等。

七、信息咨询与技术服务

整合相关平台、技术、产品、人才以及大数据等国内外优势资源，建立并完善资产评估、受灾评估、产量预测、投资咨询、项目规划、种植园布局、榨油厂建设、人才招聘等信息咨询与技术服务体系，为企业投资提供全方位的服务。

第四节　发展油棕产业的展望

随着我国经济发展以及"一带一路"倡议的推进，很多中国企业已经具备了"走出去"发展境外油棕产业的条件。东南亚、非洲、南美洲以及太平洋岛国的部分国家和地区油棕种植条件适宜，有国内消费需求、有产业发展意愿，进一步为中国企业"走出去"发展油棕产业提供了机遇。但企业"走出去"不可盲目，必须清醒认识到"走出去"发展油棕产业的重要性。

一、服务国家战略

首先是保障棕榈油进口安全。近年来我国年均进口棕榈油约500 万 t，但鉴于我国适宜种植油棕的热区土地资源不足，且生产成本相对较高，通过企业尤其是民营企业"走出去"拓展油棕产业已成为不可或缺的策略。其次是服务"一带一路"，目前适合发展油棕产业的国家大多是发展中国家，也是我国推进"一带一路"的重要国别，中国企业在相关国家拓展油棕产业可为双边政府之间的合作搭建重要的平台。

二、企业发展需求

统筹用好两个市场、两种资源，是提升企业国际竞争力、推动企业发展壮大的重要途径。通过统筹谋划境外农业全产业链投资布局以及重点国别、重点产业和重点产品的战略布局，推动农业装备、技术、标准、品牌、服务等"走出去"，进一步培育具有国际竞争力的跨国涉农企业集团。

三、积极融入棕榈油大产业

棕榈油在全球植物油产量、进出口、交易额等方面都位居前列。我国多年来也一直是棕榈油主要消费国，但在油棕种植和棕榈油加工方面都没有规模化的生产，基本完全依赖进口。从国家食用油安全和植物油贸易两个方面都要求我国企业改善这个现状，积极融入棕榈油产业中去，而且从棕榈油贸易角度分析，具有良好的经济潜力。

主要参考文献

曹红星，杨耀东，石鹏，等，2016. 油棕种质资源评价研究的现状及展望 [J]. 热带农业科学，36（4）：59-62.

曹红星，张骥昌，雷新涛，等，2017. 不同油棕资源对低温胁迫的生理生化响应 [J]. 云南农业大学学报，32（2）：316-321.

曹红星，张大鹏，王家亮，等，2014. 低温对油棕可溶性糖转运分配的影响 [J]. 西南农业学报，27（2）：591-594.

曹红星，孙程旭，冯美利，等，2011. 低温胁迫对海南本地种油棕幼苗的生理生化响应 [J]. 西南农业学报，24（4）：1282-1285.

曹红星，黄汉驹，雷新涛，等，2014. 不同低温处理对油棕叶片解剖结构的影响 [J]. 热带作物学报，35（3）：454-459.

曹红星，雷新涛，刘艳菊，等，2015. 不同来源地油棕种质资源耐寒适应性初步研究 [J]. 西南农业学报，28（5）：1916-1919.

曹建华，李静，陶忠良，等，2014. 油棕幼苗对低温胁迫的生理响应及其抗寒力评价 [J]. 热带农业科学，34（8）：8-12.

曹建华，李晓波，陶忠良，等，2014. 油棕新品种对干旱胁迫的生理响应及其抗旱性评价 [J]. 热带农业科学，34（7）：27-32.

陈永娴，曹建华，陈俊明，等，2014. 油棕三个品种中各器官养分含量的比较研究 [J]. 热带农业科学，34（5）：11-18.

冯美利，张大鹏，曹红星，等，2015. 油棕果穗矿质营养元素累积特性研究 [J]. 中国热带农业（5）：63-66.

公谱，邓干然，曹建华，等，2014. 杀酵过程中不同因素对油棕鲜果出油率的影响 [J]. 广东农业科学，41（8）：128-130.

宫丽丹，魏丽萍，倪书邦，等，2016. 持续干旱对油棕幼苗叶绿素荧光动力学参数的影响 [J]. 中国农学通报，32（13）：1-6.

黄霍辉，2018. 棕榈油在全球油脂供需情况的重要性 [A]. 中国洗涤用品工业协会油脂化工分会. 第十一届（2018）中国油脂化工行业年会论文集 [C]. 中国洗涤用品工业协会油脂化工分会：中国洗涤用品工业协会，7.

黄慧德，2017. 马来西亚油棕业概况 [J]. 世界热带农业信息（7）：39-45.

黄山春，马子龙，林松，等，2014. 油棕传粉象甲成虫饲养装置的改进 [J]. 热带农业科学，34（12）：72-74.

焦云飞，曾宪海，林位夫，等，2015. 我国油棕遗传育种研究现状与动态 [J]. 中国热带农业（3）：9-15.

刘艳菊，林以运，曹红星，等，2016. 外源 ABA 对低温胁迫油棕幼苗生理的影响 [J]. 南方农业学报，47（7）：1171-1175.

刘艳菊，2015. 油棕种子催芽方法 [J]. 花卉（1）：12-13.

刘艳菊，曹红星，2014. 油棕种子催芽方法的研究进展 [J]. 热带农业科学，34（5）：28-32.

刘艳菊，曹红星，张如莲，2015. 不同时间下低温胁迫对油棕幼苗生理生化变化的影响 [J]. 植物研究，35（6）：860-865.

刘世红，倪书邦，魏丽萍，等，2015. 油棕抗寒性与内源激素的关系 [J]. 中国农学通报，31（21）：144-148.

刘世红，魏丽萍，宫丽丹，等，2015. 油棕花性别与内源激素的关系 [J]. 中国热带农业（4）：69-73.

刘世红，倪书邦，魏丽萍，等，2015. 西双版纳试种油棕叶绿素荧光参数的日变化 [J]. 中国热带农业（2）：76-78.

刘勇，冯美利，曹红星，等，2014. 低温胁迫对油棕叶片养分含量变化的影响 [J]. 热带农业科学，34（6）：16-19.

刘沙沙，陈琼玉，赵亮，等，2017. 油棕废弃物热解特性及产物分析 [J]. 可再生能源，35（8）：1115-1120.

刘玉满，祝自冬，2009. 刚果（金）的农业、农民及农业开发 [J]. 中国农村经济（3）：91-96.

林位夫，曾宪海，张希财，等，2016. 我国热区油棕种植生产潜力研究 [J]. 中国科技成果，17（24）：12.

林位夫，曾宪海，2014. 我国油棕创新研究与发展建议 [J]. 中国热带农业（6）：5-8.

李国杰，邓干然，曹建华，等，2016. 油棕果不同压榨条件对其果肉出油率的影响 [J]. 中国农机化学报，37（10）：112-114.

李小丽，石佳，孙汝浩，李东栋，郑育声，2017. 油棕（*Elaeis guineensis* Jacq.）中果皮 3 个生长时期酚类化合物含量变化分析 [J]. 分子植物育种，15（06）：2394-2402.

李炜芳，刘钊，潘登浪，等，2016. 成龄油棕园林下间作生姜栽培技术与效益分析 [J]. 热带农业科学，36（4）：5-8.

李小丽，梁远学，邰凌超，等，2015. 油棕果实不同发育时期类胡萝卜素的含

量变化 [J]. 华中农业大学学报, 34 (1)：23 - 27.

李静, 王永, 雷新涛, 等, 2014. 油棕育种现状及关联分析在油棕分子辅助育种中的应用展望 [J]. 江西农业学报 (11)：16 - 20.

李静, 王永, 杨耀东, 等, 2014. 一种适合油棕不同组织 RNA 提取的方法 [J]. 热带农业科学, 34 (9)：33 - 36.

石鹏, 曹红星, 李东霞, 等, 2016. 油棕等热带植物 DXS 基因的生物信息学分析 [J]. 广西植物, 36 (4)：471 - 478.

石鹏, 夏薇, 肖勇, 等, 2018. 油棕种壳厚度控制基因 SHELL 的 SNP 分子标记开发 [J]. 广西植物, 38 (2)：195 - 201.

石鹏, 王永, 雷新涛, 等, 2017. 油棕鲜果穗产量构成因素的相关性和回归分析 [J]. 广西植物, 37 (9)：1130 - 1136.

石鹏, 冯美利, 雷新涛, 等, 2015. 油棕果穗产量性状主成分及通径分析 [J]. 广东农业科学, 42 (17)：18 - 25.

石鹏, 曹红星, 李东霞, 等, 2015. 油棕等植物 γ - 生育酚甲基转移酶的生物信息学分析 [J]. 热带作物学报, 36 (2)：308 - 315.

石鹏, 李东霞, 王永, 等, 2014. 油棕 QTL 定位的研究进展 [J]. 热带农业科学, 34 (3)：49 - 54.

沈雁, 陈卫军, 陆晨, 等, 2016. 油棕花粉活力和贮藏性研究 [J]. 热带农业科学, 36 (10)：24 - 27.

唐庆华, 雷新涛, 覃伟权, 2014. 油棕有害生物综合防治与生态安全问题的研究进展 [J]. 中国农学通报, 30 (4)：215 - 220.

王永, 李静, 吴翼, 等, 2014. 油棕胚蛋白质组学研究体系的建立 [J]. 广东农业科学, 41 (22)：126 - 129.

王雷, 郜凌超, 郑声声, 等, 2016. 油棕脂肪酸脱饱和酶基因 ω3 启动子区的克隆及其表达组织特异性分析 [J]. 分子植物育种 (3)：570 - 577.

万瑾, 唐荣年, 吴文峰, 2014. 基于 ZigBee 技术的油棕组培智能测控系统的设计与应用 [J]. 贵州农业科学 (8)：224 - 228.

谢龙莲, 2007. 哥伦比亚油棕业概况 [J]. 世界热带农业信息 (8)：1 - 4.

谢龙莲, 张慧坚, 2007. 世界油棕业发展概况 [J]. 中国热带农业 (6)：38 - 40.

谢龙莲, 张慧坚, 2009. 世界油棕产销现状与发展趋势 [J]. 中国热带农业 (6)：35 - 37.

夏薇, 肖勇, 杨耀东, 等, 2014. 基于 NCBI 数据库的油棕 EST - SSR 标记的开发与应用 [J]. 广东农业科学, 41 (2)：144 - 148.

肖勇, 雷新涛, 王永, 等, 2017. 油棕乙酰 CoA 羧化酶（ACC）基因的鉴定

与表达分析 [J]. 安徽农业科学，45（31）：154‐155.

熊惠波，李瑞，李希娟，等，2009. 油棕产业调查分析及中国发展油棕产业的建议 [J]. 中国农学通报，25（24）：114‐117.

杨静，李哲，曾宪海，等，2016. 油棕花序性别分化过程观察 [J]. 南方农业学报，47（9）：1533‐1541.

殷振华，宫丽丹，刘世红，2016. 油棕果实油分积累规律研究 [J]. 中国热带农业（6）：61‐63.

曾宪海，林位夫，王军，2011. 刚果（布）农业生产条件及油棕、橡胶产业发展现状 [J]. 中国热带农业（3）：27‐30.

曾宪海，吴香姑，张日庆，等，2014. 应用电导率法及 Logistic 方程评价引种海南儋州油棕新品种抗寒性研究 [J]. 中国热带农业（4）：59‐63.

张骥昌，曹红星，雷新涛，等，2017. 油棕种质的生长发育特性及产量性状的比较研究 [J]. 辽宁大学学报（自然科学版）（1）：69‐74.

张大鹏，王永，石鹏，等，2017. 油棕组培苗 Mantled 变异研究进展 [J]. 热带农业科学（12）：52‐55.

张林辉，刘光华，娄予强，等，2011. 云南油棕引种研究现状及发展前景 [J]. 中国热带农业（4）：30‐31.

张以山，曹建华，林位夫，2009. 中国油棕产业发展战略研究 [J]. 中国热带农业（4）：15‐18.

张璐，郑亚军，李艳，等，2016. 油棕仁贮藏蛋白质亚基组成和含量分析 [J]. 安徽农业科学（1）：8‐11.

张希财，王军，林位夫，2014. 云南初选油棕优异植株定点观测结果 [J]. 中国热带农业（1）：39‐45.

张建国，曹红星，冯美利，等，2017. 油棕粕乙醇提取物抗氧化性的研究 [J]. 食品工业（9）：48‐51.

张木，1992. 泰国国家遗传工程与生物技术中心（NCGEB）介绍 [J]. 中国生物工程杂志（1）：60‐62.

周丽霞，肖勇，杨耀东，2016. 盐胁迫对油棕幼苗生理生化特性的影响 [J]. 江西农业学报，28（7）：43‐45.

周丽霞，吴翼，肖勇，2016. 基于 SSR 分子标记的油棕遗传多样性分析 [J]. 南方农业学报，48（2）：216‐221.

周丽霞，肖勇，2016. 长非编码 RNA 研究进展及其在油棕环境适应中的调控作用 [J]. 安徽农业科学，44（27）：124‐126.

周丽霞，肖勇，杨耀东，2014. 油棕转录组 SSR 标记开发研究 [J]. 广东农业科学，41（14）：136‐138.

赵贤，2007. 尼日利亚农业现状及中尼农业合作研究 ［J］. 亚非纵横（2）：
53 - 60.

郑丽，张海鹏，林江，等，2017. 24 个油棕品种对 3 种真菌性叶斑病的抗病性
评价及生防细菌的分离、筛选 ［J］. 广东农业科学，44（7）：96 - 103.

郑丽，沈会芳，李静，等，2014. 油棕病害调查及叶部病害的病原真菌初步鉴
定 ［J］. 广东农业科学，41（14）：66 - 69.

邹积鑫，尤丽莉，林位夫，2014. 影响油棕叶片愈伤组织诱导因素研究 ［J］.
热带农业科学，34（2）：54 - 58.

邹积鑫，潘登浪，林位夫，2016. 油棕体细胞胚的诱导和次生胚的增殖研究
［J］. 热带农业科学，36（8）：26 - 30.

ADAM H, JOUANNIC S, MORCILLO F, et al. , 2006. MADS box genes in
oil palm (*Elaeis guineensis*): Patterns in the evolution of the squamosa, de-
ficiens, globosa, agamous, and sepallata subfamilies ［J］. Journal of Molec-
ular Evolution, 62 (1): 15 - 31.

AHMAD K D, 2017. Malaysian Oil Palm Industry Performance 2016 and Pros-
pects for 2017 ［C］. PALM OIL ECONOMIC REVIEW & OUTLOOK SEM-
INAR 2017.

ALLOU K, MORIN J P, KOUASSI P, et al. , 2006. Oryctes monoceros,
Trapping with Synthetic Pheromone and Palm Material in Ivory Coast ［J］.
Journal of Chemical Ecology, 32 (8): 1743 - 1754.

ALPHONSE K N, KONAN K, BRAHIMA C, et al. , 2018. Results of A
Survey on The use of Mineral Fertilizers under Oil Palm (*Eleais guineensis*
Jacq.) in Côte D'ivoire ［J］. International Journal of Current Advanced Re-
search (7): 12898 - 12904.

ALWEE S, VAN G, SCHOOT J, et al. , 2006. Characterization of oil palm
MADS box genes in relation to the mantled flower abnormality ［J］. Plant
Cell, Tissue and Organ Culture, 85 (3): 331 - 344.

HASHIM A H, 2017. Palm biodiesel: Simply a better fuel ［N］. New Straits
Times.

AUSTIN K G, LEE M E, CLARK C, et al. , 2017. An assessment of high
carbon stock and high conservation value approaches to sustainable oil palm
cultivation in Gabon ［J］. Environmental Research Letters, 12 (1): 014005.

BILL G, 2012. Oilseeds: world Markets and Trade ［EB/OL］. United states
Department of Agriculture, 5 - 33. https://downloads. usda. library.
cornell. edu/usda - esmis/files/tx31qh68h/ns064637n/k3569471g/oilseed -

trade - 01 - 12 - 2012. pdf.

BILL G, 2018. Oilseeds: World Markets and Trade [EB/OL]. United states Department of Agriculture, 1 - 29. https://downloads. usda. library. cornell. edu/usda - esmis/files/tx31qh68h/xd07gx559/b8515s073/oilseed - trade - 10 - 12 - 2018. pdf.

BILLOTTE N, MARSEILLAC N, RISTERUCCI A, et al. , 2005. Microsatellite - based high density linkage map in oil palm (*Elaeis guineensis* Jacq.) [J]. Theor Appl Genet, 110 (4): 754 - 765.

BOBBY R J, 2008. Agricultural Counselor and U. S. Embassy Berlin, EU - 27 Oilseeds and Products Annual [R]. USDA foreign Agriculture Service.

CHAPMAN K R, ESCOBAR R, GRIFFEE P, 2003. Cold Tolerant or Altitude Adapted Oil Palm Hybrid Development Initatives in the Asia/pacific Region [J]. AU J. T, 6 (3): 134 - 138.

CHIABI A, KENMOGNE M H, NGUEFACK S, et al. , 2011. The Empiric Use of Palm Kernel Oil in Neonatal Skin Care: Justifiable or Not? [J]. Chinese Journal of Integrative Medicine, 17 (12): 950 - 954.

CHRIS P. RITTGERS, 2013. Malaysia Oilseeds and Products Annual [R]. USDA foreign Agriculture Service.

BARLOW C, ZEN Z, GONDOWARSITO R, 2003. The Indonesian Oil Palm Industry [J]. Oil Palm Industry Economic Journal, 3 (1): 8 - 15.

MARY E. CARTER, et al. , 1993. Sustainable Agriculture and the Environment in the Humid Tropics [M]. The National Academies Press. The National Academies of Sciences, Engineering, and Medicine. 352 - 392.

DANSO I, NUERTEY B N, DANSO F, et al. , 2014. The economics of using phosphate rock under matured oil palm in the semi - deciduous forest zone of Ghana. Research Journal of Applied Sciences [J]. Engineering and Technology. 7 (2): 210 - 213.

GILBERT D, 2013. Oil Palm and Palm Oil Industry in Ghana: A Brief History [J]. International Research Journal of Plant Science, 4 (6): 158 - 167.

Cottrell D, W, 2009. Malaysia Oilseeds and Products Annual [R]. USDA foreign Agriculture Service.

Cottrell D, W, 2011. Malaysia Oilseeds and Products Annual [R]. USDA foreign Agriculture Service.

GOGBE B F E D, et al. , 2017. Oil palm Fusarium wilt distribution and incidence in Southern Region of Ivory Coast [J]. African Journal of Agricultural

Research (12): 2895 - 2901.

LOW E T, ALIAS H, BOON S H, et al. , 2008. Oil palm (*Elaeis guineensis* Jacq.) tissue culture ESTs: identifying genes associated with callogenesis and embryogenesis [J]. BMC Plant Biol (8): 62.

SERUIRATU H E I B , 2013. Republic of the Fiji Islands Presentation. High Level Consultation on Coconut Development in Asia and the Pacific Region [C]. 30th October to 1st November, Bangkok, Thailand.

FAUZI W R, PUTRA E T S, 2019. Impact of Potassium and Drought Stress on Nutrient Uptake and Production of Palm Oil (*Elaeis gueenensis* Jacq.) Seedling Biomass [J]. Indonesian Journal of Oil Palm Research (27): 41 -56.

MANLEY G, 2012. Executive Summary Of The Comprehensive Resettlement Policy Framework And The Pilot Phase Resettlement Action Plan [EB/OL]. Sierra Leone, African Development Bank Group. https: //landmatrix. org/media/ uploads/afdborgfileadminuploadsafdbdocumentsenvironmental - and - social - assessmentsaddax20bioenergy20 - 20rap20summary20 - 20final20enpdf. pdf.

HAYATI A, WICKNESWARI R, MAIZURA I, et al. , 2004. Genetic diversity of oil palm (*Elaeis guineensis* Jacq.) germplasm collections from Africa: implications for improvement and conservation of genetic resources [J]. Theoretical & Applied Genetics, 108 (7): 1274 - 1284.

HO C L, TAN Y C, YEOH K A, et al. , 2016. De novo transcriptome analyses of host - fungal interactions in oil palm (*Elaeis guineensis* Jacq.) [J]. BMC Genomics (17): 66.

JALANI B S, CHEAH S C, RAJANAIDU N, et al. , 1997. Improvement of palm oil through breeding and biotechnology [J]. Journal of the American Oil Chemists Society, 74 (11): 1451 - 1455.

JONAS D, 2011. Oil palm development in Thailand: economic, social and environmental considerations [EB/OL]. The Indonesian Palm Oil Producers Association. https: //www. forestpeoples. org/sites/fpp/files/publication/ 2011/11/chapter - 1 - oil - palm - development - thailand - economic - social - and - environmental - considerations. pdf.

KADIDJA K, 2016. Oil palm production in West and Central Africa [EB/OL]. The oil palm sector in Côte d'Ivoire. Grain. https: //grain. org/article/entries/5034 - oil - palm - production - in - west - and - central - africa.

KAEWMAI R, H - KITTIKUN A, SUKSAROJ C, et al. , 2013. Alternative technologies for the reduction of greenhouse gas emissions from palm oil mills in Thailand [J]. Environmental Science & Technology, 47 (21): 12417 - 12425.

KANCHANAPOOM K, DOMYOAS P, 1999. The Origin and Development of Embryoids in Oil Palm (*Elaeis guineensis* Jacq.) Embryo Culture [J]. Science Asia (25): 195 - 202.

KANGA F N, WAEYENBERGE L, HAUSER S, et al. , 2012. Distribution of entomopathogenic nematodes in Southern Cameroon [J]. Journal of Invertebrate Pathology, 109 (1): 41 - 51.

KONAN E K, DURANDGASSELIN T, KOUADIO Y J, et al. , 2007. Field development of oil palms (*Elaeis guineensis* Jacq.) originating from cryopreserved stabilized polyembryonic cultures [J]. Cryo Letters, 28 (5): 377 - 386.

KONAN K E, DURAND - GASSELIN T, KOUADIO Y J, et al. , 2010. In vitro conservation of oil palm somatic embryos for 20 years on a hormone - free culture medium: characteristics of the embryogenic cultures, derived plantlets and adult palms [J]. Plant Cell Reports, 29 (1): 1 - 13.

LARBI E, ANIM - OKYERE S, DANSO F, et al. , 2013. Effect of planting densities on growth, development and yield of oil palm (*Elaeis guineensis* Jacq.) in Ghana [J]. International journal of Current Research.

LATIFAH A, JAMALUDDIN M, ABD R, et al. , 2006. Uncovering Factors Influencing Malaysian Public Attitude Towards Modern Biotechnology. Asia Pacific Journal of Molecular Biology and Biotechnology, 14 (2) : 33 - 39.

MADON M, PHOON L Q, CLYDE M M, et al. , 2008. Application of flow cytometry for estimation of nuclear and content in Elaeis [J]. Journal of Oil Palm Research (20): 447 - 452.

MAIZURA I, RAJANAIDU N, ZAKRI A H, et al. , 2006. Asessment of genetic diversity in oil palm (*Elaeis guineensis* Jacq.) using restriction fragment length polymorphism (RFLP) [J]. Genetic resources and crop evolution (53): 187 - 195.

MONDE A, CARBONNEAU M A, Michel F, et al. , 2011. Potential health implication of in vitro human low - density lipoprotein - vitamin E oxidation modulation by polyphenols derived from Coôte d'Ivoire's oil palm species [J]. Journal of Agricultural & Food Chemistry, 59 (17): 9166 - 9171.

MORCILLO F, GALLARD A, PILLOT M, et al. , 2007. EgAP2 - 1 an AINTEGUMENTA - like (AIL) gene expressed in meristematic and proliferating tissues of embryos in oil palm [J]. Planta, 226 (6): 1353 - 1362.

MORETZSOHN M, NUNES C, FERREIRA M, et al. , 2000. RAPD linkage mapping of the shell thickness locus in oil palm (*Elaeis guineensis* Jacq.) [J]. Theor Appl Genet, 100 (1): 63 - 70.

MURPHY D J, 2002. Biotechnology and the improvement of oil crops - genes, dreams and realities [J]. Phytochemistry Reviews, 1 (1): 67 - 77.

MURUGESAN P, ASWATHY G M, KUMAR K S, et al. , 2017. Oil palm (*Elaeis guineensis* Jacq.) genetic resources for abiotic stress tolerance: A review [J]. Indian Journal of Agricultural Sciences, 87 (5): 571 - 579.

NG S K, 1972. The Oil Palm, Its Culture, Manuring and Utilisation [M]. Berne: International Potash Institute.

EBONGUE G F N, DHOUIB R, CARRIERE F, et al. , 2006. Assaying lipase activity from oil palm fruit (*Elaeis guineensis* Jacq.) mesocarp [J]. Plant Physiology & Biochemistry, 44 (10): 611 - 617.

NICHOLAS K, FANZO J, MACMANUS K, 2018. Palm Oil in Myanmar: A Spatiotemporal Analysis of the Effects of Industrial Farming on Biodiversity Loss [J]. Glob Health Sci Pract, 6 (1): 210 - 222.

NOPARAT P, MANEERAT S, SAIMMAI A, 2014. Utilization of palm oil decanter cake as a novel substrate for biosurfactant production from a new and promising strain of Ochrobactrum anthropi 2/3 [J]. World Journal of Microbiology & Biotechnology, 30 (3): 865 - 877.

NYUNT M H, AYE K M, KYAW M P, et al. , 2014. Challenges in universal coverage and utilization of insecticide - treated bed nets in migrant plantation workers in Myanmar [J]. Malaria Journal, 13 (1): 1 - 7.

OKYERE S A, DANSO F, LARBI E, et al. , 2014. Residual effect of intercropping on the yield and productivity of oil palm [J]. International Journal of Plant and Soil Science, 3 (7): 854 - 862.

OKYERE S A, LARBI E, DANSO F, et al. , 2016. Effect of Transplanting Time and Rainfall on the Establishment, Growth, Development and Yield of Oil Palm in the Semi - deciduous Forest Zone of Ghana [J]. American Journal of Experimental Agriculture, 13 (1): 1 - 11.

PARVEEZ, G, NA' IMATULAPIDAH A, et al. , 2007. Determination of minimal inhibitory concentration of selection agents for selecting transformed immature embryos of oil palm [J]. Asia Pacific Journal of Molecular Biology and Biotechnology, 15 (3): 133 - 146.

PATCHARAPISUTSIN W, KANCHANAPOOM K, 1996. Somatic embryogenesis and plantlet regeneration from oil palm (*Elaeis guineensis* Jacq.) callus [J]. J Sci Soc Thailand (22): 13 - 20.

POOTAKHAM W, SONTHIROD C, NAKTANG C, et al. , 2016. Effects of methylation - sensitive enzymes on the enrichment of genic SNPs and the degree of genome complexity reduction in a two - enzyme genotyping - by - sequencing (GBS) approach: a case study in oil palm (*Elaeis guineensis* Jacq.) [J]. Molecular Breeding, 36 (11): 154.

PRADIKO I, SUJADI S, AND R S, 2019. Phenological Observation on Eight Oil Palm (*Elaeis guineensis* Jacq.) Varieties using Thermal Unit Concept [J]. Indonesian Journal of Oil Palm Research (27): 57 - 69.

PRASETYO A E, SUSANTO A, 2019. The Insecticide Effect to the Activity and Emergence of Elaeidobius Kamerunicus Faust (COLEOPTERA: CURCULIONIDAE) on Oil Palm (*Elaeis guineensis* Jacq.) Male Inflorescence [J]. Indonesian Journal of Oil Palm Research (27): 13 - 24.

RADZIAN, DIN, 2017. Palm oil: a nutritious and value - added ingredient for food [R]. 8th Palm Oil Health and Nutrition Forum, Xiamen, China.

RAJANAIDU N, 1981. Oil palm genetic resources: current methods of conservation (in Nigeria and Malaysia) [J]. Plant Genetic Resources Newsletter (IBPGR/FAO) (48): 25 - 30.

RAJANAIDU N, 1987. Collecting oil palm (*Elaeis guineensis* Jacq.) in Tanzania and Madagascar [J]. Plant Genetic Resources Newsletter (IBPGR/FAO) (72): 38 - 40.

RANCE K A, MAYES S, PRICE Z, et al. , 2001. Quantitative Trait Loci for yield components in oil palm (*Elaeis guineensis* Jacq.) [J]. Theor Appl Genet (103): 1302 - 1310.

REES A R, 1965. Evidence for the African origin of the oil palm [J]. Principes (9): 30 - 36.

CARRERE R, 2013. Oil palm in Africa: past, present, and future scenarios [J]. WRM series on tree plantations (15): 45 - 47.

RICHARDS D R, FRIESS D A, 2015. Rates and drivers of mangrove deforestation in Southeast Asia 2000 - 2012 [J]. Proceedings of the National Academy of Sciences of the United States of America, 113 (2): 344.

ABDULLAH R, ZAINAL A, HENG W Y, et al. , 2005. Immature embryo: A useful tool for oil palm (*Elaeis guineensis* Jacq.) genetic transformation studies [J]. Electronic Journal of Biotechnology, 8 (1): 25 - 34.

SAID N, OMAR D, NASEHI A, et al. , 2019. Pyraclostrobin Suppressed Ganoderma Basal Stem Rot (BSR), Promoted Plant Growth and Induced Early Expression of β - 1, 3 - Glucanase in Oil Palm (*Elaeis guineensis* Jacq.) [J]. Journal of Oil Palm Research (31): 248 - 261.

SAN C T, SHAH F H, 2005. Differential Gene Expression and Characterization of Tissue - specific cDNA Clones in Oil Palm using mRNA Differential Display [J]. Molecular Biology Reports, 32 (4): 227 - 235.

SHAH F H, RASHID O, SIMONS A J, et al. , 1994. The utility of RAPD markers for the determination of genetic variation in oil palm (*Elaeis guineensis* Jacq.) [J]. Theor Appl Genet, 89 (6): 713 - 718.

SINGH R, CHEAH S C, 2000. Differential gene expression during flowering in the oil palm (*Elaeis guineensis* Jacq.) [J]. Plant Cell Reports, 19 (8): 804 -809.

SINGH R, NAGAPPAN J, TAN S G, et al. , 2007. Development of simple sequence repeat (SSR) markers for oil palm and their application in genetic mapping and fingerprinting of tissue culture clones [J]. Asia Pacific journal of molecular biology and biotechnology, 15 (3): 121 - 131.

SINGH R, ZAKI N M, TING N C, et al. , 2008. Exploiting an oil palm EST database for the development of gene - derived SSR markers and their exploitation for assessment of genetic diversity [J]. Biologia, 63 (2): 227 - 235.

SOE H Z, THI A, AYE N N, 2017. Socioeconomic and behavioural determinants of malaria among the migrants in gold mining, rubber and oil palm plantation areas in Myanmar [J] . Infectious Diseases of Poverty, 6 (1): 142.

SOMYONG S, POOPEAR S, SUNNER S K, et al. , 2016. ACC oxidase and miRNA 159a, and their involvement in fresh fruit bunch yield (FFB) via sex ratio determination in oil palm [J]. Molecular Genetics & Genomics, 291 (3): 1243 - 1257.

SUTTAYAKUL P, ARAN H, SUKSAROJ C, et al. , 2016. Water footprints of products of oil palm plantations and palm oil mills in Thailand [J]. Science of the Total Environment, 542 (Pt A): 521 - 529.

TING N C, ZAKI N M, ROSLI R, et al. , 2010. SSR mining in oil palm EST database: application in oil palm germplasm diversity studies [J]. Journal of Genetics, 89 (2): 1 - 11.

TOUCHET B D, DUVAL Y, PANNETIER C, 1991. Plant regeneration from embryogenic suspension cultures of oil palm (*Elaeis guineensis* Jacq.) [J]. Plant Cell Reports (10): 529 – 532.

TRANBARGER T J, KLUABMONGLOL W, SANGSRAKRU D, et al. , 2012. SSR markers in transcripts of genes linked to post – transcriptional and transcriptional regulatory functions during vegetative and reproductive development of *Elaeis guineensis* Jacq. [J]. BMC Plant Biology (12): 1.

TREGEAR J W, MORCILLO F, RICHAUD F, et al. , 2002. Characterization of a defensin gene expressed in oil palm inflorescences: induction during tissue culture and possible association with epigenetic somaclonal variation events [J]. Journal of Experimental Botany, 53 (373): 1387 – 1396.

TURNER P D, GILLBANKS R A, 1974. Oil Palm cultivation and management [M]. Kuala Lumpur: Incorporated Society of Planters: 57 – 206.

UTOMO C, WERNER S, NIEPOLD F, et al. , 2005. Identification of Ganoderma, the causal agent of basal stem rot disease in oil palm using a molecular method [J]. Mycopathologia, 159 (1): 159 – 170.

VICTORIA T C, TAMANG P, 2009. Oil Palm and Other Commercial Tree Plantations, Monocropping: Impacts on Indigenous Peoples' Land Tenure and Resource Management Systems and Livelihoods [C]. Palm Oil Industry in Malaysia Skills & Knowledge for Sustained Development in Africa.

WAHID M B, ABDULLAH S N A, et al. , 2005. Oil palm – achievements and potential [J]. Plant Production Science (8): 288 – 297.

WAHID M B, 2007. Overview of the Malaysian oil palm industry 2006 [EB/OL]. Overview of Industry. https: //econ. mpob. gov. my/economy/EID _ Review06. htm.

ZAHOULI J B Z, KOUDOU B G, MüLLER P, et al. , 2017. Effect of land – use changes on the abundance, distribution, and host – seeking behavior of Aedes arbovirus vectors in oil palm – dominated landscapes, southeastern Côte d'Ivoire [J]. Plos One, 12 (12): e0189082 – .

ZEN Z, BARLOW C, GONDOWARSITO R, 2006. Oil palm in Indonesian socio – economic improvement: a review of options [J]. Oil Palm Industry Economic Journal (6): 18 – 29.

图书在版编目（CIP）数据

世界油棕产业发展与科学研究现状 / 王永，曹红星，张大鹏主编 . —北京：中国农业出版社，2021.11
ISBN 978 - 7 - 109 - 13822 - 3

Ⅰ.①世… Ⅱ.①王… ②曹… ③张… Ⅲ.①油棕－油料作物－产业发展－世界 Ⅳ.①F316.12

中国版本图书馆 CIP 数据核字（2021）第 144248 号

中国农业出版社出版
地址：北京市朝阳区麦子店街 18 号楼
邮编：100125
责任编辑：杨晓改 郑 珂
责任校对：刘丽香
印刷：北京通州皇家印刷厂
版次：2021 年 11 月第 1 版
印次：2021 年 11 月北京第 1 次印刷
发行：新华书店北京发行所
开本：880mm×1230mm 1/32
印张：3.75 插页：6
字数：160 千字
定价：68.00 元

彩图 1　油　棕

彩图 2　印度尼西亚油棕研究所（PPKS）成立之初的大楼

彩图 3　印度尼西亚油棕研究所 100 年庆典

彩图 4　马来西亚高级生物技术与育种中心（ABBC）

彩图 5　马来西亚 ABBC 组培中心

彩图 6　马来西亚 Sime Darby 油棕品种展示

彩图 7　马来西亚 FGV 苗圃

彩图 8　马来西亚 FGV 榨油厂

彩图 9　泰国素叻他尼油棕研究中心

彩图 10　泰国素叻他尼油棕种植园

彩图 11　缅甸毛淡棉油棕种质圃

彩图 12　缅甸斋托油棕试种基地

彩图 13　尼日利亚油棕研究所（NIFOR）

彩图 14　尼日利亚 NIFOR 制种园

彩图 15　刚果（金）利卡西集市上散装售
卖的红棕榈油

彩图 16　加纳 Wilmar Benso 种植园

彩图 17　加纳小作坊的棕榈油压榨设备

彩图 18　加纳油棕研究所

彩图 19　塞拉利昂 SOCFIN 油棕种植园

彩图 20　塞拉利昂 Nedoil 公司的小型榨油厂（3t/h）

彩图 21　哥伦比亚 Cenipalma 油棕研究中心

彩图 22　哥伦比亚 Cenipalma 选育的种间杂交种

彩图 23　根系营养水培实验

彩图 24 害虫标本

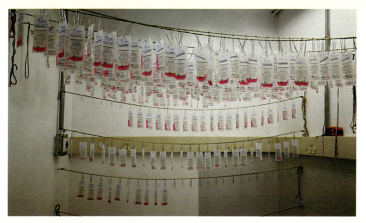

彩图 25 害虫性激素实验

彩图 26 巴西 Embrapa 马瑙斯分中心

彩图 27　巴西 10 年生的美洲油棕

彩图 28　哥斯达黎加种间杂交种

彩图 29　哥斯达黎加油棕种子催芽

彩图 30　哥斯达黎加组培苗苗圃

彩图 31　巴布亚新几内亚 NBPOL 油棕种植园

彩图 32　巴布亚新几内亚 NBPOL 榨油厂果串堆放区

彩图 33　巴布亚新几内亚 NBPOL 榨油厂废水沼气发电

彩图 34　巴布亚新几内亚 NBPOL 码头油轮

彩图 35　巴布亚新几内亚 Dami 油棕研究中心

彩图 36　巴布亚新几内亚 Dami 油棕制种园

彩图 37　巴布亚新几内亚 Dami 油棕种子

彩图 38　天津聚龙集团在印度尼西亚的第一种植园

彩图 39　天津聚龙集团在印度尼西亚的第一种植园榨油厂

彩图 40　天津聚龙集团在印度尼西亚的第一种植园办公区

彩图 41　天津聚龙集团在印度尼西亚的第四种植园

彩图 42　中国－印尼聚龙农业产业合作区

彩图 43 辽宁三和矿业在刚果(金)的油棕 彩图 44 辽宁三和矿业在刚果(金)的油棕
苗圃 种植园（雨季）

彩图 45 辽宁三和矿业在刚果(金)的油棕种植园（旱季）

彩图 46 冠丰在巴西贝伦的油棕种植园